Industriestruktur und Politik

Siegener Studien

Herausgegeben von der „Gesellschaft der Freunde
und Förderer der Fachbereiche I-IV und VI-VIII
an der Universität GH Siegen".
Mitherausgeber sind Prof. Dr. Ingeborg Koza,
Prof. Dr. Hans-Dieter Erlinger (Red.) und
Prof. Dr. Rudolf Feig, alle Universität-
Gesamthochschule Siegen.

Band 41

Bodo B. Gemper
(Hrsg.)

Industriestruktur und Politik

verlag
DIE BLAUE EULE
essen

CIP-Kurztitelaufnahme der Deutschen Bibliothek

Industriestruktur und Politik / Bodo B. Gemper
(Hrsg.). – Essen: Verlag Die Blaue Eule, 1987.

(Siegener Studien; Bd. 41)
ISBN 3-924368-95-3

NE: Gemper, Bodo B. [Hrsg.]; GT

ISBN 3-924368-95-3
© copyright verlag die blaue eule, essen 1987
printed in germany
druck thiebes gmbh & co kommanditgesellschaft hagen

Inhaltsverzeichnis

5

Vorwort des Herausgebers

Zentrales Anliegen der Hochschule neuen Typs,[1] als die die Universitäten als Gesamthochschulen in Nordrhein-Westfalen konzipiert worden sind, ist die Verbesserung
interdisziplinärer Lehre und Forschung. Durch Verstärkung bestehender und Öffnung neuer Kontakte zu Nachbardisziplinen sollen der Dialog und die Arbeitsteilung
zwischen den Disziplinen gefördert und die Beziehungen zwischen Lehre und Forschung sowie zwischen Theorie und Praxis intensiviert werden.[2] Für Studenten
sollen bisher noch verschlossene Berufsaussichten geöffnet[3] und Leistungsbereitschaft gefördert werden. Dem gesetzlichen Auftrage folgend, "fachbereichs- und
hochschulübergreifende Forschungs- und Lehrprogramme aufzustellen"[4] und "die
Wissenschaft dem jeweiligen Studiengang entsprechend in der Verbindung von Theorie
und Praxis darzustellen",[5] bin ich seit dem Wintersemester 1977/78 bemüht, durch
eine Gastvortragsreihe mit dazu beizutragen, ein engeres Verhältnis sowohl zwischen wissenschaftlicher und beruflicher Ausrichtung als auch zwischen Hochschule
und Wirtschaft entstehen zu lassen. Diese Vortragsveranstaltungen sollen der Aus-
prägung eines individuellen fachlichen und politischen Beurteilungsvermögens von
Studenten, vorwiegend der Wirtschafts- und Sozialwissenschaften dienen und Verständnis wecken für typische, durch den Markt gesteuerte Wirtschaftsprozesse sowie für die Entscheidungen diskretionärer Wirtschaftspolitik, aber auch für neue
Fragestellungen als Folge des sich beschleunigenden Strukturwandels.
Zu diesem Zwecke habe ich Persönlichkeiten eingeladen, die in ihrer beruflichen
Tätigkeit erfolgreich die Symbiose zwischen Theorie und Praxis demonstrieren und
deshalb berufen sind, praxisbetonte Lehre auf wissenschaftlicher Grundlage aus
beruflicher Verantwortung heraus zu vermitteln. Die vorliegende Schrift enthält
die Vorträge, die in meinen Seminaren des Hauptstudiums I und II über Konjunktur
und Beschäftigung bei sich beschleunigendem Strukturwandel sowie über Industrie-
und Industriestrukturpolitik im akademischen Jahre 1985/86 gehalten worden
sind.
Sie ist im Rahmen der SIEGENER STUDIEN meine zweite Veröffentlichung.[6]

Allen Mitarbeitern danke ich herzlich für ihre bereitwillige und aufgeschlossene
Mitwirkung und liebenswürdige Zusammenarbeit. Dieser Dank schließt Herrn Professor Dr. HANS DIETER ERLINGER, den Geschäftsführenden Herausgeber dieser
Studienreihe, und Herrn Dr. W. L. HOHMANN, Verlag für Geisteswissenschaft
die blaue eule, Essen, ein. Zu Dank verpflichtet bin ich auch dem Verein zur För-

derung des Fachbereichs Wirtschaftswissenschaft der Universität-Gesamthochschule Siegen e. V. für seine finanzielle Hilfestellung zur Drucklegung dieses Bandes und Fräulein stud. rer. pol. KERSTIN HUDEL, Siegen, die sich durch tatkräftige Unterstützung bei der Herstellung des Namens- und Sachregisters ausgezeichnet hat.

Siegen, im Mai 1986   Bodo B. Gemper

Anmerkungen

1 Johannes Rau: Gesamthochschulen in Nordrhein-Westfalen. Vorwort zur 1. Auflage, in: Gesamthochschulen in Nordrhein-Westfalen, Materialien für Aufbau, Entwicklung und Funktion, 3. Auflage, Düsseldorf 1976, S. 9°

2 Bodo B. Gemper: Zur geistigen Gestalt der Integrierten Gesamthochschule. Bildungsgesinnung, Reformgeist und Integrationsdisziplin. In: Die Deutsche Universitäts-Zeitung, vereinigt mit Hochschul-Dienst, Nr. 21, 1976, S. 616

3 Artur Woll: Vorwort des Gründungsrektors zum "Studienführer" der Gesamthochschule Siegen (1. 1. 1975), Siegen 1975, S. 3

4 § 5 Abs. 2, Ziff. 5, Gesetz über die wissenschaftlichen Hochschulen des Landes Nordrhein-Westfalen (WissHG) vom 20. November 1979, geändert am 25. März 1980

5 § 5, Abs. 2, Ziff. 4 WissHG

6 Die erste ist: Gemper, Bodo B. (Hrsg.): Religion und Verantwortung als Elemente gesellschaftlicher Ordnung. Für Karl Klein zum 70. Geburtstage, 2. unveränd. Aufl., Siegen 1983

HORST FRIEDRICH WÜNSCHE

Industriestruktur und Wirtschaftsordnung

Gelegentlich steht der Wirtschaftspolitiker auf recht schwankendem Boden. Manches Mal weiß er nicht, zu welchen Maßnahmen er greifen, ja ob er überhaupt etwas tun sollte. In solchen Fällen besteht eine Neigung, Kompromisse zu schließen, die niemanden befriedigen, oder Experimente durchzuführen, die keine Klärung bringen können, aber Zeit verstreichen lassen. In der Bundesrepublik Deutschland zeigt sich eine solche wirtschaftspolitische Unsicherheit gegenwärtig mit besonderer Deutlichkeit im Bereich der *Industrie- und Technologiepolitik,* das heißt vor allem bei den Fragen nach der Notwendigkeit und der Problematik der staatlichen Forschungs- und Innovationsförderung.

Freilich haben die Wirtschaftspolitiker selbst einiges dazu beigetragen, daß ihre industriepolitischen Absichten fragwürdig geworden sind: Noch bevor die Ziele der für nötig befundenen Industriepolitik ausreichend dargestellt worden sind, waren bereits verschiedene wirtschaftspolitische Maßnahmen ergriffen, andere fest eingeplant.[1] Zwangsläufig mußte ein Streit darüber losbrechen, ob eine solche Politik wirklich nötig ist, ob sie im geplanten Umfang und mit den angewendeten oder avisierten Mitteln geschehen sollte und ob sie nicht wirtschaftspolitischen Maßnahmen widerspricht, auf die man sich zuvor festgelegt hatte.

Man kann sich die Durchführung einer Wirtschaftspolitik ganz anders vorstellen.[2] In diesem Fall aber mußten Politiker Entscheidungen und Initiativen rechtfertigen und auf weitere Erfordernisse hinweisen, statt ihr Handeln zu begründen. Ihre Verlautbarungen beruhten zudem und in oft beträchtlichem Ausmaß auf der Kenntnis interessenbezogener Standpunkte und Forderungen. Im allgemeinen muß das kein Vorwurf sein: Der Wirtschaftspolitiker braucht sachkundige Beratung. Warum sollte er nicht von den unmittelbar Betroffenen informiert werden? Doch zu denken gibt ein solcher Sachverhalt. Auch wer ihn wohlwollend und nicht mit "staatsmonopolkapitalistischen" Thesen erklären will, muß zumindest feststellen, daß bislang noch keines der Details und noch keine der Folgerungen dieser Politik grundsätzlich geprüft worden sind. Das Wiederholen von Interessenstandpunkten bringt keine hilfreiche Klärung. Rechtfertigung ist etwas anderes als Begründung einer Politik. Schon im Ablauf politischer Prozesse zeigen sich die *Vorteile frühzeitig vorbedachter Konzeptionen.* Politische Tagesgeschäftigkeit, und ist sie noch so bewundernswert fleißig und in vielerlei Hinsicht angemessen, kann eine fehlende Programmatik offensichtlich nicht ersetzen.

Wird das Thema Industriepolitik angesprochen, so scheinen nun allerdings auch einige Wirtschaftswissenschaftler den Standpunkt zu teilen und völlig genau zu wissen, daß aktive Industriepolitik unverzichtbar ist und daß die deutsche Industrie ohne eine spezielle staatliche Förderung im internationalen Wettbewerb keinesfalls bestehen kann. Man möchte ein solches Votum ein Glück für die Politik nennen. Aber man trifft auch auf Wirtschaftswissenschaftler, die das pure Gegenteil zu kennen vorgeben und die mit großer Vehemenz das schlimme Verhängnis ausmalen, das eine solche Politik heraufbeschwören würde.[3]

Das Interessante hierbei ist, daß die Argumente beider Seiten überzeugend sind und den absurden Schluß nahelegen, daß Industriepolitik nötig ist, aber keinesfalls durchgeführt werden darf. Unter solchen Advokationen muß dem Politiker die Entscheidung leicht fallen: Wie er sie auch immer trifft, stets findet er Zuspruch und Ablehnung. Er braucht nur die Stimmen abzuzählen. Hierauf versteht er sich in der Regel gut. Mehr noch: Er kann bei dieser Lage seine Politik sorgsam "optimieren". Er kann sich im einen Falle pro, im anderen contra Industriepolitik aussprechen, wie es seiner Klientel beliebt. Und in der Tat machen regierungsamtliche Stellungnahmen zur Industriepolitik von dieser fröhlich-unbekümmerten Willkür in der Wahl des Standpunktes reichlich Gebrauch.[4]

Wer vermöchte denn zu entscheiden, welches Argument das Zutreffende, welches das Unzutreffende ist? Einerseits heißt es: Eine in technischer Hinsicht wettbewerbsfähige Position beim heutigen schnellen technischen Fortschritt zu wahren, erfordert beträchtliche Anstrengungen. Das kann tatsächlich niemand bezweifeln. Und ebenso überzeugend ist der Hinweis: Die Kompetenz des Staates bei der Forschungsförderung ist in weiten und sehr wichtigen Bereichen völlig unbestritten. Auch das ist in der Tat so: Der Staat finanziert seit langem und zum überwiegenden Teil beispielsweise die Forschung an den Hochschulen. Warum sollte er sich nicht auch gezielt der Förderung zukunftsträchtiger Industriebereiche zuwenden und dort Forschungen subventionieren? Auf der anderen Seite jedoch sagt man, daß eine staatliche Forschungsförderung nicht in den Rahmen der marktwirtschaftlichen Ordnung passen würde. Zwar hat dieses Argument als solches keine sonderlich große Überzeugungskraft, weil bekanntlich niemand mehr in genügender Klarheit weiß, was "marktwirtschaftlich" ist. Aber man würde unrecht tun, wenn man diesen Standpunkt sogleich verwirft, denn der Fortsetzung der marktwirtschaftlichen Argumentationskette läßt sich doch sicherlich nicht widersprechen: Der Staat hat keine solideren Kenntnisse über die Zukunft als sie die Unternehmen haben. Mit der staatlichen Förderung drohen gigantische Fehlinvestitionen. Zudem: Die Mittel, die der Staat zur Förderung der Wirtschaft einsetzen möchte, muß er

zuvor eben dieser Wirtschaft entziehen. Mit Umverteilungen werden marktwirtschaftliche Tugenden doppelt gestört: Der Entzug mindert die Leistungsanreize
und die leistungslose Zuteilung wirkt ebenso.

Die "entscheidende" Rolle der Ordnungstheorie

Die Kontroverse ist - wie man sieht - unversöhnlich. In solchen Fällen hat es in
der Regel wenig Sinn, die Positionen nochmals zu zergliedern und abermals zu
überprüfen. Beim gegenwärtigen Diskussionsstand kann nur eine wirklich *grundsätzliche Betrachtung Klärung bringen*. Das bedeutet: Bevor man im Konkreten Par-
tei im industriepolitischen Meinungsstreit zu ergreifen versucht, sind die Grundlagen
dieser Politik zu klären.

Ein solcher Klärungsversuch muß recht tief gehen. Es nutzt nichts, wenn industriepolitische Ziele aufgelistet und nach adäquaten Mitteln gesucht wird, sie zu erreichen. Fast wäre es schon zuviel vorausgesetzt, wenn man von der Problemlage
ausginge, die gegenwärtig besteht. Möglicherweise haben die Probleme, die man
jetzt lösen möchte oder lösen muß, ihre Ursache in politischen Versäumnissen.
Es kann beispielsweise sein, daß die industriepolitische Problematik in einer feh-
lerfrei konstruierten Sozialen Marktwirtschaft gar nicht auftritt. Der Blick ein
paar Jahre zurück, auf die Umstände bei "Deutschlands Rückkehr zum Weltmarkt",[5] scheint das zu bestätigen. Manches spricht dafür, daß die nun vorherr-
schende industriepolitische Situation der Politik keine neuen Ziele setzen, sondern
sie veranlassen sollte, sich endlich einmal mit alten Fehlern zu befassen.

So müßte vor allem gefragt werden, wie es eigentlich zu dem Gedanken kommen
konnte, daß die Industrie einer staatlichen Förderung bedarf. Ist es nicht ein höchst
beunruhigender Umstand, daß überhaupt eine solche Sorge entstehen konnte: Für
die Industrie - die so offenkundig den Kern der Wirtschaft bildet, daß man mit
Recht von einer "industriellen Gesellschaft" spricht - seien im Rahmen der marktwirtschaftlichen Grundordnung die Bedingungen einer gedeihlichen Entwicklung
nicht gesichert? Welche Note würde denn eine marktwirtschaftliche Ordnung
verdienen, der man nicht mehr zutraut, das Zentrum der Wirtschaft so zu ordnen,
daß die weitere Entwicklung nicht im Desaster endet? Hätte die Industrie
den Staat als stets präsenten Mäzen nötig, so wäre es um die Zukunft der
marktwirtschaftlichen Ordnung sicherlich nicht gut bestellt. Man denke doch: Im
sozialen Randbereich der Marktwirtschaft und in vielen nichtindustriellen Bereichen
hat der Sozialstaat längst die Marktwirtschaft verdrängt. Man kann es wohl so
sehen: Mit der Industriepolitik geht es nun darum, ein letztes Refugium der Marktwirtschaft zu zerstören.

So bitter es ist, bei dieser ernsten Lage kommt man nicht mehr umhin, ein Tabu zu verletzen: Die Wirtschafts*ordnungs*politik in der Bundesrepublik hat seit den Tagen *Ludwig Erhards* einen erschütternden Verfall erlebt - in der wirtschaftspolitischen Praxis, aber insbesondere auch in der Wirtschaftstheorie. Wo heute ein ordnungspolitischer Handlungsbedarf empfunden wird, gilt es, die ordnungspolitische Leitlinie der Sozialen Marktwirtschaft völlig neu vorzustellen. Weder aus der heutigen marktwirtschaftspolitischen Praxis noch aus der Theorie der Marktwirtschaft heraus ist eine solche Darstellung möglich.[6] Daß man an der herrschenden wirtschaftlichen Situation die notwendigen Maßnahmen nicht normieren kann, ist leicht einzusehen: Wo aufgrund sichtbarer Probleme staatliche Maßnahmen und soziale Korrekturen an der Marktwirtschaft empfohlen werden, handelt es sich ja um Empfehlungen in gefährlicher Nähe zum Interventionismus, dem niemand das Wort reden möchte. Bedenklich ist aber, daß die Bemühung um die *Rekonstruktion einer konsistenten Ordnungspolitik* heutzutage sich auch nicht mehr auf die Lehrbücher der marktwirtschaftlichen Wirtschaftspolitik stützen kann. Das Nachdenken über die Industriepolitik würde nicht sehr weit führen, wenn die marktwirtschaftliche Ordnung so, wie sie irgendein Wirtschaftstheoretiker skizziert oder wie sie sich heute in der Praxis herausgebildet hat, als wirtschaftspolitisch verbindliche Norm aufgefaßt würde. Die Grundlage einer marktwirtschaftlichen Wirtschaftspolitik ist nicht einfach das Salbadern marktwirtschaftlicher Dogmen und Modelle. Das *ordnungspolitisch Richtige muß* unabhängig von Zeiterscheinungen und Denkschulen - seien sie intellektuell noch so "faszinierend"[7] - *aus in sich überzeugenden politischen Wertungen heraus begründet werden.*

Grundprobleme der Ordnungspolitik heute

Ordnungspolitik - gerade der Politiker wird das als besonders drückend empfinden - ist nun allerdings schwer in konkreten Sachverhalten zu fassen. Ordnungspolitik ist komplex, und alle, die sich mit ihr beschäftigt haben, konnten ziemlich umfassende Interdependenzen feststellen. Man spürt es zwar: Vieles, was heute wirtschaftspolitisch angestrebt wird, hat grundsätzlichen Charakter: "Die marktwirtschaftlichen Rahmenbedingungen müssen stimmen", "Leistung muß sich lohnen", "Die Wirtschaft darf nicht im Bürokratismus ersticken". Doch *ordnungspolitische Verbindlichkeit* erhalten grundsätzliche Positionen erst in ihrer Verbindung zu einem *Gesamtkonzept.* Es muß klar sein, was die einzelnen Forderungen und wirtschaftspolitischen Absichten konkret beinhalten; wie das wirtschaftspolitisch Erforderliche in sich, und wie es mit dem sozialpolitisch Notwendigen abgestimmt ist. Ohne ein solches, in sich schlüssig abgestimmtes ordnungspolitisches Gesamtkonzept ist es völlig unmöglich, einzelne wirtschaftspolitische Maßnahmen ordnungspolitisch zu beurteilen. Machen wir die Probe! Welche Maßnahmen wären beispielsweise im sechsten Jahr der Millionen-Massenarbeitslosigkeit in der Bundesrepublik Deutschland ordnungspolitisch gerechtfertigt, wenn in einer Region die Schließung eines größeren Betriebes droht? Ohne ein Gesamtkonzept gibt es eine Vielfalt von Antworten auf eine solche, doch relativ einfache Frage - vom extremen marktwirtschaftlichen Standpunkt angefangen, daß keinerlei staatliche Maßnahmen erforderlich sind, bis zur extrem sozialstaatlichen Empfehlung, daß der Staat den Fortbestand jenes Betriebes zu garantieren habe. Wie immer die Schwerpunkte in einem solchen Fall gesetzt werden - mehr zur Marktwirtschaft oder mehr zum Sozialstaat hin - unter ein nur vages Verständnis von Sozialer Marktwirtschaft paßt Jegliches. Haarsträubend, aber wahr: Die Soziale Marktwirtschaft im heutigen Verständnis gestattet es fast jeder wirtschaftspolitischen Maßnahme, sich ordnungspolitisch unanfechtbar darzustellen. Einzig eine unbedachte Begriffswahl könnte die Maskerade zerstören: Sozialisierung hat sich - bitte sehr - Gemeinwohlverpflichtung zu nennen; Wirtschaftslenkung und Preisstopp haben sich differenziert zu tarnen; Produktionsauflagen werden als Selbstbeschränkungen gestaltet und so fort.

Für ein fundiertes ordnungspolitisches Urteil über die Industriepolitik, wie über Wirtschaftspolitik überhaupt, *ist als Maßstab eine logisch geschlossene, tief begründete Konzeption unverzichtbar.* Weder in der Praxis noch in der Theorie ist diese zu finden. Das sind die Sachverhalte ordnungspolitischer Dekadenz, vor denen man heute steht. Folgt daraus das Motto: Zurück zu *Erhards* Sozialer Marktwirtschaft? Das wäre sicherlich nicht der schlechteste Ansatz: *Erhard* war Wirtschaftstheoretiker und hat jahrelang über die wirtschaftspolitischen Erfordernisse grundsätzlich nachgedacht; *Erhard* hat sein Konzept schließlich erfolgreich angewendet. Nur muß man sich auch klar darüber sein, wie eng der Raum zwischen der Absicht und der Illusion ist, *Erhard* könne wieder zum ordnungspolitischen Lehrmeister der Moderne avancieren. Die Besinnung auf *Erhard* ist extrem schwierig, weil vielerlei Mißverständnisse drohen. *Erhard* brauchte seine Konzeption nicht als Rezept zu beschreiben, und er hat sie nicht in dieser Weise niedergelegt, denn er war es selbst, der sie realisiert hat. Die wissenschaftlichen Zeigenossen *Erhards* haben uns leider nicht *Erhards* Konzeption, sondern andere, meist ihre eigenen Vorstellungen dargelegt und überliefert. Und die wirtschaftswissenschaftliche Forschung beschäftigt sich mit dem Lebenswerk eines Mannes üblicherweise erst aus Anlaß anstehender Hundertjahrfeiern und hat die Politik *Erhards* bislang noch nicht aufgearbeitet, und sie wird auch in den kommenden Jahren keine bemerkenswerten Beiträge hierzu liefern.

Aber auch in der Praxis ist die *Erhard*sche Konzeption der Sozialen Marktwirtschaft verwischt. *Erhards* Politik schien lange Zeit hindurch als abgewirtschaftet und veraltet. *Erhards* Nachfolger, so hieß es, hätten die Soziale Marktwirtschaft "fortentwickelt", als "aufgeklärte" Marktwirtschaft vertreten und als gangbaren "Mittelweg" eine neuartige Verbindung des "Freiburger Imperativs" aus den vierziger mit der keynesschen Fiskalpolitik der dreißiger Jahre herausgefunden. Schon ein Jahr nach Beginn dieser neuen Politik zeigten sich Schwierigkeiten.[8] Angesichts der gegenwärtigen industriepolitischen Erörterungen sollte das ausdrücklich hervorgehoben werden: Bis heute ist man sich noch nicht im klaren darüber, daß *Erhard* Vollbeschäftigung, Stabilität des Preisniveaus, hohe Wachstumsraten des Sozialprodukts und sozialen Frieden - und zwar alles zusammen! - realisiert hat, wogegen keiner seiner Nachfolger beanspruchen kann, jeweils zwei dieser grundlegenden Ziele zugleich verwirklicht zu haben. Irgendwie hätte man die Vorzüge der Sozialen Marktwirtschaft *Erhards* und die Mängel der angeblich vorzüglich fortentwickelten Ordnungsalternativen empfinden müssen. Bei aller Dekadenz, es ist doch höchst wunderlich, *zu welch robuster Ignoranz das ordnungspolitische Denken in den letzten zwei Jahrzehnten fähig war.*

Doch nicht nur wegen der geschwundenen Sensibilität für ordnungspolitische Fragen hat es der Ordnungspolitiker heute schwer, sich verständlich zu machen. Was würde ein *Erhard* beispielsweise in der gegenwärtigen wirtschaftspolitischen Situation und angesichts eines so großen und schon so lange Zeit andauernden Problems wie der Arbeitslosigkeit anraten? Diese Frage ist keineswegs schwer zu beantworten. Man braucht nur ein paar Seiten aus *Erhards* "Deutscher Wirtschaftspolitik"[9] zu lesen, um eine Antwort geben zu können. *Erhard* würde sich auf die gestellte Frage gar nicht erst einlassen. Er würde keine Empfehlung im Einzelfall geben, sondern darauf hinweisen, daß grundsätzliche ordnungspolitische Fehler das Problem erst geschaffen haben. *Erhard* würde längerfristige Lösungen empfehlen und vor Maßnahmen warnen, welche die Probleme kurzfristig, aber nicht dauerhaft beseitigen könnten und vielleicht gar weitere, neue Schwierigkeiten aufwerfen würden.

Es wäre abzusehen: Für den heute verantwortlichen Politiker wäre das eine überaus enttäuschende Antwort. Er möchte wissen, was er tun soll, und er würde bloß erfahren, unter welchen Skrupeln er seine Entscheidungen treffen müßte. Genau hierin liegt eines der größten Verständnisprobleme für ordnungspolitische Lösungsvorschläge: Ein früherer ordnungspolitischer Fehler zeitigt späte, aber ziemlich unerträgliche Folgen, die durch kurzfristige Maßnahmen zu beseitigen nicht bloß immens schwierig, sondern vor allem wiederum ordnungspolitisch bedenklich ist. *Ordnungspo-*

litik ist eben *keine Frage von Legislaturperioden und Wiederwahlkalkülen, sondern eine Frage staatsmännischer Verantwortung.* So gilt es also auch bei der *Industriepolitik,* zwei Dinge auseinanderzuhalten: Heute sind die Folgen früherer ordnungspolitischer Fehler sichtbar. Es ist unbestreitbar: Diesen Fehlern steht die Ordnungspolitik ziemlich ohnmächtig gegenüber. Doch darin unterscheidet sie sich nicht von der Prozeßpolitik. Andererseits jedoch sind heute ordnungspolitische Entscheidungen zu treffen, deren Folgen morgen spürbar sein werden. Wenn die gestern betriebene *Strukturpolitik* fehlerhaft war, heißt das selbstverständlich, daß in Zukunft keine solche Politik mehr betrieben werden darf. Doch wenn man morgen nicht über die Fehler der heutigen Ordnungspolitik klagen soll, ist es mit Abstinenz allein nicht getan; es geht vielmehr darum, jetzt die richtigen Maßnahmen zu ergreifen; es geht um *aktive Ordnungspolitik.* Die Ordnungspolitik muß aus der Bewußtlosigkeit, in die sie vor Jahren verfallen ist, neu erweckt werden. Ob und wie die schlimmen Folgen früherer Unstimmigkeiten der Ordnungspolitik zu beseitigen sind, ist dann eine Frage, die bald gar nicht mehr erörtert werden muß, weil sie sich im Laufe weniger Jahre aufgrund der Erfolge der neuen Ordnungspolitik von selbst erledigt haben wird.

Die Verständnisschwierigkeiten für die Ordnungspolitik so weit abgetragen, stellen sich nun die eigentlichen Probleme für die ordnungspolitische Beurteilung der Industriepolitik.

Die konsistente Verankerung der Industriepolitik in der Sozialen Marktwirtschaft

1. Zu den Normen, die entschieden für die Marktwirtschaft zu sprechen scheinen, die sich aber bei näherer Betrachtung nicht als tragfähige Grundlage für eine marktwirtschaftliche Ordnungsentscheidung erweisen, gehört die Überzeugung, die Marktwirtschaft sei ihrer besonderen Effizienz wegen zu befürworten. Bei der Diskussion der Industriepolitik spielt die Frage der Leistungsfähigkeit der Wirtschaft ebenfalls eine besondere Rolle, und es ist darum wichtig, darüber zu befinden, ob industrie- und ordnungspolitische Argumente in die gleiche Richtung weisen.

Unstrittig ist: Bei einem Vergleich marktwirtschaftlicher mit bürokratischen Systemen zeigt sich: Die Marktwirtschaft ist in ihrer wirtschaftlichen Effizienz nicht zu übertreffen. Aber nicht wegen dieser Leistunggsfähigkeit hat man die Marktwirtschaft zur wirtschaftlichen Grundordnung gewählt. Die Leistungsfähigkeit der Marktwirtschaft ist eine Nebenfolge, nicht das Ziel der Ordnungsentscheidung. Man sieht das sofort, wenn man die Konsequenzen bedenkt, die aus einer so begründeten Entscheidung folgen. Würde die Leistungsfähigkeit das grundlegende Kriterium für die Wahl einer Wirtschaftsordnung darstellen, könnte die Entscheidung für die Marktwirtschaft niemals als eine dauerhaft gültige Grundentscheidung angesehen werden - eben weil die Marktwirtschaft so leistungsfähig ist. Wenn der Wohlstand wächst, verliert die wirtschaftliche Effizienz gegenüber anderen Dingen mehr und mehr an Bedeutung. Unter kargen Lebensbedingungen - in der Zeit des Wiederaufbaus etwa - wäre eine marktwirtschaftliche Ordnung wichtig. In entwickelten Industriegesellschaften könnte man auf sie verzichten.[10]

Diese Antinomie zeigt, daß der wirtschaftlichen Effizienz der Marktwirtschaft nicht die Rolle einer ordnungspolitischen Norm beigemessen werden kann. Das hat für die ordnungspolitische Beurteilung der Industriepolitik eine sofort erkennbare wichtige Konsequenz: Wenn es der Industriepolitik darum geht, die Leistungsfähigkeit der Wirtschaft zu steigern, dann verlaufen die industriepolitischen und die mit der marktwirtschaftlichen Ordnungsentscheidung verbundenen Absichten nicht parallel. Die wirtschaftliche Effizienz der Marktwirtschaft ist kein maßgeblicher Bestimmungsgrund, die Marktwirtschaft zu wählen. Industriepolitische Absichten, welche die Leistungsfähigkeit der Wirtschaft verbessern wollen, sind folglich ordnungspolitisch irrelevant. Daß die entsprechenden Maßnahmen prozeßpolitisch wirkungsvoll sein können, insbesondere für den, der die Förderung erfährt, kann selbstverständlich nicht bestritten werden.

2. Denkt man sich die *Marktwirtschaft* - etwa so, wie es *Adam Smith* getan hat - als *ein Organisationsprinzip zur Steuerung arbeitsteiliger Wirtschaftsprozesse,* so gelangt man zu einer sehr präzisen Vorstellung der dann wichtigen Wirtschaftsfreiheit: In der Marktwirtschaft wird eine sonst notwendige Wirtschaftsverwaltung durch Verbraucherautonomie ersetzt. Hierin liegt der zentrale Grund für die marktwirtschaftliche Ordnungsentscheidung. Das heißt: Diesen Aspekt vor allem gilt es überaus ernst zu nehmen. Da es aber widersinnig wäre, wenn der Mensch als Verbraucher auf der einen Seite zum Herrn der Wirtschaft erhoben und als "Faktor Arbeit" auf der anderen Seite zum Knecht derselben degradiert wird, muß zur Verbraucherautonomie neben freier Berufs- und Arbeitsplatzwahl noch Vollbeschäftigung kommen. All dies zusammen läßt sich als ein ordnungspolitisches Minimumkonzept einer konsistenten Sozialen Marktwirtschaft auffassen.

Die Feststellung, daß in einer Sozialen Marktwirtschaft Verbraucherautonomie gewahrt und Vollbeschäftigung herrschen muß, hat wiederum wichtige Konsequenzen für die ordnungspolitische Beurteilung der Industriepolitik:

a. Verbraucherautonomie schließt aus, daß die Produktion um der Produktion willen geschieht oder gefördert wird. Bei industriepolitischen Maßnahmen spielt demgegenüber häufig das Argument der Beschäftigungssicherung eine Rolle. Dabei wird keineswegs vom Absatz, beziehungsweise von der Nachfrage her, sondern "angebotsorientiert" argumentiert. Man möchte die "Wettbewerbsfähigkeit" einer Industrie fördern, das heißt, man möchte gerade für den Fall vorsorgen, daß die Produktion keinen Absatz findet. Solche industriepolitischen Absichten sind ordnungspolitisch nicht zu befürworten; sie richten sich gegen eine grundlegende ordnungspolitische Norm.

b. Bei Vorgabe der Verbraucherautonomie ist es extrem schwierig, Vollbeschäftigung zu erreichen. Die Anerkennung der Verbraucherautonomie schließt ja das Kreieren einer "künstlichen" Nachfrage aus. Vermutlich wird man in der heutigen beschäftigungstheoretischen Debatte sogar auf die Ansicht treffen, daß Vollbeschäftigung unter diesen kruden Bedingungen überhaupt nicht erreicht oder gesichert werden kann. Das ist jedoch falsch. Man kann - wie vor allem *Friedrich von Hayek* und *Walter Eucken* in ihren kapitaltheoretischen Darlegungen gezeigt haben[11] - durch eine "Vertiefung des Produktionsprozesses" den jeweils optimalen Produktionsumfang mit ganz unterschiedlichen Faktoreinsätzen herstellen. *Erhards* Beschäftigungspolitik - die ja in einer stetigen Entwicklung zur Vollbeschäftigung führte und die diese Vollbeschäftigung ein volles Jahrzehnt lang sicherte - bestand im Kern darin, auf einen *wirtschaftlichen Entwicklungspfad* zu gelangen und ihn zu schreiten, bei dem immer gerade jene Investitionen getätigt wurden, die das echte Sparniveau und die Produktivität der Wirtschaft zugelassen haben. Man kann wohl kaum sagen, daß mit der Industriepolitik etwas derartig kreislauftheoretisch Abgestimmtes angestrebt wird. So zeigt sich hierbei, daß die Industriepolitik die Ordnungspolitik zumindest nicht unterstützt.

3. Insoweit wäre die Industriepolitik - je nach den konkret verfolgten Zielen - ordnungspolitisch unterschiedlich, aber in keinem Falle positiv zu bewerten. Nun ist jedoch das bislang dargestellte Konzept der Sozialen Marktwirtschaft lediglich ein ordnungspolitisches Minimumkonzept. Es bezieht sich nur auf wirtschaftliche Sachverhalte, und es ist darum zu fragen, ob die Industriepolitik in einem ausgebauteren, gesellschaftspolitischen Konzept der Sozialen Marktwirtschaft nicht doch eine ordnungspolitisch gerechtfertigte Rolle findet. Mein Eindruck ist: Hierbei erst könnte sich eine wichtige Funktion der Industriepolitik zeigen - frei-

lich eine Aufgabe, die in der Wirtschaftspolitik bislang überhaupt noch nicht gesehen, geschweige denn verfolgt wird.

Bei der Skizzierung dieser Rolle der Industriepolitik müßte man auf zwei Dinge zurückgreifen: Einmal hätte man sich von *Bodo B. Gemper* den Begriff "Industriestrukturpolitik" auszuleihen;[12] zum anderen hätte man sich der Beschreibung des gesellschaftspolitischen Leitbildes der Sozialen Marktwirtschaft zu entsinnen, wie es insbesondere in den Schriften von *Wilhelm Röpke* enthalten ist. Nicht nur *Wilhelm Röpke*, aber in besonderer Klarheit er, hat darauf hingewiesen, wie es mit dem Sozialen in der Marktwirtschaft bestellt ist: "Wirtschaftsfreiheit ... ist eine notwendige Bedingung dieser Gesellschaftsverfassung, aber sie erschöpft nicht ihr Wesen. Um den wahren Gegenpol der kollektivistischen Gesellschaft zu erkennen, müssen wir vielmehr unsere Blicke über die bloße Wirtschaftsfreiheit hinauslenken. Wir finden ihn in einem Gesellschaftszustande, in dem eine möglichst große Zahl von Menschen ein auf Eigentum und selbstbestimmten Arbeitsbereich gegründetes Leben führt, ein Leben, das ihnen innere und möglichst viel äußere Selbständigkeit gibt und ihnen erst dadurch ermöglicht, wirklich frei zu sein und auch die Wirtschaftsfreiheit als etwas Selbstverständliches zu empfinden".[13] *Wilhelm Röpke*, und wiederum nicht nur er, aber er als bislang letzter und wiederum in besonderer Eindringlichkeit, hat vor dem "erschütternden Optimismus", der Euphorie und "der erstaunlichen Oberflächlichkeit der Diagnose" gewarnt und dargelegt, daß ein wünschenswerter gesellschaftlicher Zustand sich nicht als Endzustand eines marktwirtschaftlichen Wirtschaftsprozesses denken läßt. Die Marktwirtschaft als solche tendiere - trotz all ihrer großen, wünschenswerten oder unverzichtbaren Vorzüge - vielmehr zur Vermassung, zur Konzentration, zur Proletarisierung. Unter ihrem Regiment würden die Mittelschichten zusammenschmelzen und die Individualität schließlich zugunsten der Kollektivität verdorren. Die Alternative besteht darin: Soll dieser Entwicklungsprozeß seinen Weg gehen? Soll weiterhin jedes Bedenken gegen Fusionen, Konzentrationen und eine skrupelose Stärkung der Großindustrie als romantischer oder sozialistischer Denkungsart entstammend denunziert werden? Oder sollten nicht doch einige neue Überlegungen zur "Industriestrukturpolitik" politisch bedacht werden? Daß es dabei nicht um Ökonomisches und nicht um die Industrie geht, sondern - weit umfassender - darum, daß sich die geistigen Grundlagen freiheitlicher Politik und die soziale Verantwortung der Politiker gegen Interessen behaupten - das braucht wohl nicht extra betont zu werden.

19

Anmerkungen

1 Die Industriepolitik in der Bundesrepublik Deutschland hat freilich eine ältere Tradition und beginnt nicht mit der "dritten industriellen Revolution", mit der jetzt die Einführung von Mikroprozessoren und neuen Kommunikationstechniken bezeichnet wird. Als charakteristisch für frühere Epochen der Industriepolitik wird berichtet, daß die liberale Ideenwelt als ein "Schatten" empfunden wurde, welcher "die Formulierung eines industriepolitischen Konzeptes zwangsläufig verhindern mußte". Vgl. *Hellmuth St. Seidenfuß,* Sektorale Wirtschaftspolitik. In: *Werner Ehrlicher* u.a. (Hrsg.), Kompendium der Volkswirtschaftslehre. Band 2, Göttingen 1968, S. 327

2 In einer kritischen Bestandsaufnahme der Wettbewerbstheorie ist *Hans-Günter Krüsselberg* kürzlich zum Ergebnis gekommen, daß es ein Fehler gewesen sei, die Wettbewerbspolitik aus dem Prozeßkomplex herauszulösen, den man früher Gewerbe- bzw. Industriepolitik genannt habe. Vgl. *Hans-Günter Krüsselberg,* Paradigmawechsel in der Wettbewerbstheorie? In: *Harald Enke/Walter Köhler/Wilfried Schulz (Hrsg.),* Struktur und Dynamik der Wirtschaft. (Festschrift für Karl Brandt) Freiburg i. Br. 1983, S. 95

3 Vgl. etwa die Kontroverse über die Industriepolitik in: Ludwig-Erhard-Stiftung (Hrsg.), Die Zukunft der Europäischen Gemeinschaft. Stuttgart 1986, S. 128ff.

4 Ein Beispiel aus allerjüngster Zeit: In ihrem Jahreswirtschaftsbericht 1986 setzt sich die Bundesregierung mit dem Hinweis des Sachverständigenrates auseinander, die direkte Projektförderung sei, ob sie nun national oder innerhalb internationaler Kooperationen gewährt werde, ordnungspolitisch bedenklich. Während die Bundesregierung beiläufig erwähnt, daß diese direkte Projektförderung verstärkt worden sei oder verstärkt werden soll, verpflichtet sie sich gleichzeitig darauf, die befürchteten ordnungspolitischen Gefährdungen gering zu halten. Die Bundesregierung beteuert: "Aus übergeordneten gesellschaftlichen oder gesamtwirtschaftlichen Gründen... ist die direkte Projektförderung weiterhin erforderlich." Das provoziert geradezu die Frage, wo die Bundesregierung denn jetzt ordnungspolitische Gesichtspunkte einordnen möchte, wenn diese nicht als übergeordnete Gründe angesehen werden. Solange vermieden wird, hierauf eine klare Antwort zu geben, sind ordnungspolitische Bekenntnisse belanglos.

5 Vgl. *Ludwig Erhard,* Deutschlands Rückkehr zum Weltmarkt. Düsseldorf 1954

6 Vgl. *Horst Friedrich Wünsche,* Welche Marktwirtschaft verdient das Beiwort "sozial"? In: Orientierungen zur Wirtschafts- und Gesellschaftspolitik, Heft 27, März 1986

7 Auf die Kraft, die einer ganzen Generation aus der Faszination vor der Lehre der Freiburger Schule erwachsen ist und die - da sachlich ungebrochen - auch noch in der Gegenwart wirkungsvoll sein müßte, hat *Ernst Günter Vetter* kürzlich hingewiesen: Die Faszination liberaler Wirtschaftspolitik. In ordnungspolitischen Grundsätzen denken und danach handeln. In: Frankfurter Allgemeine Zeitung, Nr. 57 vom 8. März 1986, S. 15

8 *Karl Schiller* hat hierzu kürzlich ausgeführt: Mit der Nachfragepolitik sei die Rezession 1967 rasch und erfolgreich bekämpft worden. Diese Politik sei jedoch bereits 1968/69 "in schwere Wetter" geraten. Auch wenn sie späterhin öfter angewendet worden sei, einen Anwendungsfall für diese Politik hätte es eigentlich kaum einmal gegeben: "Expansive Nachfragepolitik ist nur bei einem kumulativen Verfall der Gesamtnachfrage angebracht." Vgl. Ludwig-Erhard-Stiftung (Hrsg.), Kontinuität und Wandel in vier Jahrzehnten deutscher Wirtschaftspolitik. Vgl. den entsprechenden Bericht in: Orientierungen zur Wirtschafts- und Gesellschaftspolitik, Heft 27, März 1986

9 Vgl. *Ludwig Erhard*, Deutsche Wirtschaftspolitik. Der Weg der Sozialen Marktwirtschaft. Düsseldorf/Wien u. Frankfurt a. M. 1962

10 Man sollte sich bei dieser Konsequenz auch durchaus noch einmal die Argumentation von *Karl Marx* und *Friedrich Engels* im Kommunistischen Manifest vergegenwärtigen. Dort wurde genau dies ausgeführt: Das Bürgertum habe mit dem liberalen Wirtschaftssystem "massenhaftere und kolossalere Produktionskräfte geschaffen als alle vergangenen Generationen zusammen". Dieser Reichtum jedoch sprenge die bürgerlichen Wirtschaftsverhältnisse und mache den Übergang zu einer sozialistischen Gesellschaftsordnung nötig. Auch wäre es wert zu bedenken, daß entwickelte Industriestaaten mit ihrer immensen staatlich-bürokratischen und unternehmerisch-technischen Organisationsstruktur sich für eine Sozialisierung in besonderem Maße eignen würden. Die schwärmerische Verklärung, mit der mancher Adept der Marktwirtschaft von der wirtschaftlichen Leistungsfähigkeit dieser Ordnung spricht, sollte niemanden hindern, nüchtern darauf hinzuweisen, daß gerade diese Leistungsfähigkeit den Weg zum Sozialismus ebnet.

11 Vgl. *Friedrich von Hayek,* Preise und Produktion. Wien/New York 1976, sowie Walter Eucken, Kapitaltheoretische Untersuchungen, Tübingen und Zürich 1954

12 Vgl. *Bodo B. Gemper,* Industriestrukturpolitik: So beargwöhnt wie nötig. In: Orientierungen zur Wirtschafts- und Gesellschaftspolitik, Heft 26, Dezember 1985

13 Vgl. insbesondere *Wilhelm Röpke,* Die Gesellschaftskrisis der Gegenwart. Bern/ Stuttgart 1979, S. 286f., sowie *Wilhelm Röpke,* Civitas humana. Grundfragen der Gesellschafts- und Wirtschaftsreform. Bern/Stuttgart 1979, S. 297ff.

BODO STEINMANN

Gedanken zur Umorientierung der Staatstätigkeit in der Marktwirtschaft

1. Entwicklung der Staatstätigkeit und ihre Begründung

1.1 Kategorien, Abgrenzung und Entwicklung staatlicher Aufgaben

a) Die Frage nach der Leistungsfähigkeit der Marktwirtschaft ist immer auch eine Frage nach Art und Umfang der Staatstätigkeit.

Spätestens seit *Eucken* wissen wir, daß eine Gesellschaft, die die Güterversorgung vorwiegend dezentralen Entscheidungen und marktlich-wettbewerblichen Abstimmungsprozessen überläßt, einen starken Staat benötigt, um folgende AUFGABEN erfüllen zu können:

- *Schaffung und Anwendung notwendiger Rahmenbedingungen für die marktwirtschaftliche Ordnung.* Wichtig ist vor allem die Sicherung des Wettbewerbs in Marktprozessen, um das Eigeninteresse an das Gemeinwohl zu binden. Das Entstehen ökonomischer Macht muß verhindert und Anreiz und Druck zu Produktionsanstrengungen, die die Güterversorgung verbessern, entwickelt werden.
- *Ergänzung der privatwirtschaftlich-organisierten Güterversorgung.* In den Bereichen, in denen über marktlich-wettbewerbliche Abstimmungsprozesse die Güterversorgung nicht (innere und äußere Sicherheit) oder nicht in ausreichendem Maße (Bildungswesen, Verkehrseinrichtungen) zu organisieren ist, müssen öffentliche Güter produziert werden.
- *Korrektur gesellschaftlich unerwünschter Ergebnisse oder Nebenwirkungen der Produktions-, Konsum- und Marktprozesse.* Dazu gehören z. B. die Sicherung des Einsatzes der Produktionsfaktoren, insbesondere der verfügbaren Arbeit, die Verbesserung der aus den Marktprozessen resultierenden Einkommens- und Vermögensverteilung und die Beseitigung von Umweltschäden.[1]

b) Für den Umfang dieser Aufgaben - und damit für die Verteilung der Ressourcen zwischen Staat und Privatwirtschaft - gibt es in der Marktwirtschaft - abgesehen von der interpretationsbedürftigen und nahezu jede Entwicklung legitimierenden Formel "Soviel Markt wie möglich, soviel Staat wie nötig" - keine Kriterien. Die Theoretiker der Sozialen Marktwirtschaft haben "keine irgendwie verbindliche, theoretisch präzis begründete Aufgabenverteilung zwischen Markt und hierarchisch-bürokratischer Lenkung festgelegt."[2]

Eine Formulierung allgemeingültiger *Abgrenzungskriterien* erscheint mir auch nicht sinnvoll zu sein, selbst wenn sie möglich wäre; denn die Stärke der Marktwirtschaft beruht gerade darauf, daß sie als ein offenes und dynamisches System flexibel auf gesellschaftliche Entwicklungen reagieren kann. Mit veränderten Wertvorstellungen, Rahmenbedingungen und Graden der Zielerreichung stellt sich die Frage nach Art und Umfang der Staatstätigkeit immer wieder neu. Eine exakte Aufgabenabgrenzung zwischen Staat und Privatwirtschaft würde eher dogmatische Erstarrungen begünstigen als notwendige Allokationsentscheidungen im Interesse einer Weiterentwicklung der Marktwirtschaft erleichtern:

- So ist beispielsweise die Gestaltung der Wettbewerbsgesetzgebung sowohl abhängig von den konkret sich entwickelnden Wettbewerbsbehinderungen als auch von den konkret feststellbaren Wirkungen eingesetzter Maßnahmen.
- Die Ergänzung privater Güterversorgung durch Bereitstellung öffentlicher Güter erfordert ebenfalls eine situationsabhängige politische Entscheidung. Zwar gibt die gutsspezifische Kategorisierung von Gütern, wie sie in der Finanzwissenschaft im Anschluß an Musgrave üblich ist,[3] Hinweise darauf, welche Güter eindeutig der Entscheidung im Kollektiv unterliegen müssen, weil bei ihnen nicht-rivalisierender Konsum mit technisch nicht anwendbarem Ausschlußprinzip gekoppelt ist (wie etwa bei Leistungen der inneren und äußeren Sicherheit). Das eigentliche Problem aber der Aufteilung der Ressourcen zwischen Privatwirtschaft und Staat liegt bei den sogenannten Mischgütern, die entweder bei rivalisierendem Konsum externe Effekte haben (wie etwa bei Wasserversorgung und Wartung des Autos) oder bei denen das Ausschlußprinzip zwar technisch möglich, aber politisch nicht gewollt ist (wie etwa bei Bildungs- und Gesundheitsinvestitionen).[4] Wann im Rahmen von Allokationsentscheidungen aus bildungs-, gesundheits-, verteilungs-, umweltpolitischen oder sonstigen Gründen von den Marktprozessen zum Ausdruck kommenden individuellen Präferenzen abgewichen werden soll, ist nicht von vornherein mit allgemeinen Abgrenzungskriterien festzulegen.
- Auch die Frage nach der Korrektur gesellschaftlich unerwünschter Ergebnisse des Wirtschaftsablaufs durch den Staat ist nicht situationsunabhängig zu beantworten. Sie stellt sich in den 80er Jahren mit Dauerarbeitslosigkeit und einem sich abzeichnenden Wertwandel bzw. einer Wertdifferenzierung[5] anders als in den 60er Jahren mit Vollbeschäftigung und ausgeprägter Wachstumsorientierung.

c) Betrachtet man die *Entwicklung der Staatsaufgaben* im Zeitablauf und vergleicht die Aufgaben, die der Staat entsprechend der liberalen Staatsauffassung übernehmen sollte,[6] mit denen, die von ihm heute in marktwirtschaftlichen Industrieländern erwartet werden, dann zeigt sich zum einen, daß der Aufgabenbereich 'Korrektur gesellschaftlich unerwünschter Ergebnisse oder Nebenwirkungen der Produktions-, Konsum- und Marktprozesse' neu hinzugekommen ist, und zum anderen, daß innerhalb der bestehenden Aufgabenbereiche 'Schaffung und Anwendung notwendiger Rahmenbedingungen für die marktwirtschaftliche Ordnung' und 'Ergänzung der privatwirtschaftlich-organisierten Güterversorgung' eine außerordentliche Anhäufung der Aufgaben stattgefunden hat. "Im historischen Zeitablauf fielen dem Staat immer n e u e A u f g a b e n zu, die in aller Regel nicht an die Stelle wegfallender Tätigkeiten traten, sondern zusätzlich von ihm zu bewältigen waren. Die staatlichen Eingriffe im Bereich der Sozial-, Wettbewerbs-, Stabilitäts- und Strukturpolitik belegen diese Zunahme an öffentlichen Aufgaben ebenso deutlich wie die Aktivitäten der öffentlichen Hand im Gesundheits-, Bildungs- Energie-, Verkehrssektor und in anderen Infrastrukturbereichen sowie - in jüngster Zeit - zur Eindämmung der Umweltschäden."[7]

1.2 Kategorien, Gestaltung und Entwicklung staatlicher Maßnahmen

a) Für die Erfüllung der wachsenden Staatsaufgaben stehen dem Staat eine Reihe von *Maßnahmen* zur Verfügung, die für die folgenden Überlegungen in zwei Kategorien eingeteilt werden sollen:

- *budgetbelastende Maßnahmen* in Form von Staatsausgaben (Transformations- und Transferausgaben), die durch Steuern, Beiträge und Gebühren, Erwerbs- und Zinseinkünfte sowie Kredite finanziert werden, sowie

- *budgetschonende Maßnahmen*, die im wesentlichen in einer aufgabenbezogenen Strukturierung von Einnahmen und Ausgaben bestehen sowie Maßnahmen des Ordnungsrechts (Gebote, Verbote, Auflagen etc.) umfassen.

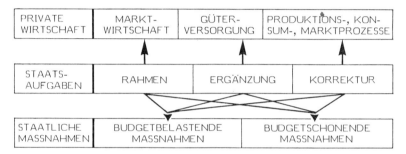

b) Für die Anwendungen der Maßnahmen gibt es nun wiederum keine *speziellen Gestaltungskriterien*, mit denen sich der Einsatz einzelner Maßnahmenkategorien bestimmen ließe. Es bestehen eher allgemeine Regeln, die besagen, daß staatliche Maßnahmen so eingesetzt werden sollen, daß sie mit der wettbewerblichen Steuerung der Marktprozesse vereinbar sind und daß sie insbesondere die Leistungs- und Risikobereitschaft der Privatwirtschaft nicht beeinträchtigen. Unter diesem allgemeinen Kriterium der *Systemkonformität* im weitesten Sinne erscheinen grundsätzlich alle Maßnahmenkategorien anwendbar, und in der praktizierten staatlichen Wirtschaftspolitik (z. B. der Umweltpolitik) findet sich denn auch ein 'policy-mix', für den keine weitergehenden Gestaltungskriterien erkennbar sind. Neben umfangreichen Umweltschutzinvestitionen und Finanzierungshilfen gibt es Gebote, Verbote, Auflagen und Abgaben.[8]

c) Wachsende Staatsausgaben können in Verbindung mit der Entscheidung, ob zur Lösung dieser Aufgaben eher budgetbelastende oder eher budgetschonende Maßnahmen eingesetzt werden, ganz unterschiedliche Folgen für den Anteil des Staates (gemessen an der Staatsausgaben- bzw. Steuerlastquote) an der wirtschaftlichen Aktivität in einer Marktwirtschaft haben.

Eucken plädierte noch für einen zwar starken, aber budgetmäßig eher enthaltsamen Staat. So befürwortete er z. B. zur Sicherung der gesamtwirtschaftlichen Entwicklung budgetschonende Maßnahmen, wie die Schaffung eines 'währungspolitischen Stabilisators' und die Konstanz der Wirtschaftspolitik.[9] Mit der Weiterentwicklung der neoliberalen Ideen zur *Sozialen Marktwirtschaft* entstand jedoch ein Konzept für die marktwirtschaftliche Ordnung, das die primär angestrebten Ziele einer an den Bedürfnissen ausgerichteten, wachsenden Güterversorgung und einer sozialen Absicherung der Markt- und Nichtmarktteilnehmer in z w e i S t u f e n miteinander verknüpfte und die Entwicklung zum Einsatz budgetbelastender Maßnahmen förderte: Auf der e r s t e n S t u f e stand das Wachstum des Sozialprodukts im Vordergrund, als Ergebnis marktwirtschaftlicher Lenkung. Dieses Wachstum bildete die Voraussetzung, um auf der z w e i t e n S t u f e mit staatlichen Maßnahmen die Lebenschancen und -bedingungen der Menschen weiter zu verbessern und in sozialerer, gerechterer Weise zu gestalten. "Der Gedanke der Sozialen Marktwirtschaft beschränkt sich ... nicht darauf, lediglich das Instrumentarium der Konkurrenz sozial funktionsfähig zu machen. Der marktwirtschaftliche Einkommensprozeß bietet der Sozialpolitik ein tragfähiges Fundament für eine staatliche Einkommensumleitung, die in Form von Fürsorgeleistungen, Renten- und Lastenausgleichszahlungen, Wohnungsbauzuschüssen, Subventionen usw. die Einkommensverteilung korrigiert."[10]

Dieses in der Nachkriegszeit außerordentlich erfolgreiche *liberale und soziale Zwei-Stufen-Konzept*, das dem Staat auf der zweiten Stufe kompensatorische Maßnahmen mit den Mitteln der ersten Stufe zuweist, und - unter dem Motto "whatever the goals affluence helps" - auch auf andere im Zuge der Entwicklung auftretende und dem Staat übertragene Ziele und Aufgaben (Beschäftigung, Umweltschutz) angewandt wurde,[11] wirkt, weil es auf Maßnahmen der Ergänzung und Korrektur basiert, eher belastend als schonend auf staatliche Budgets. So gilt es in der aktuellen Wachstumskontroverse Befürwortern des Wachstums als e i n wichtiges Argument, daß der Staat "neue Aufgaben ... in der Regel nur wahrnehmen (kann), wenn sein Budget wächst und ihm Ausgaben ermöglicht, die nicht schon seit Jahren für andere Aufgaben eingeplant werden."[12]

1.3 Zusammenfassung

Fügt man die beiden skizzierten Entwicklungen - Anhäufung von Aufgaben beim Staat und Einsatz eines wachstumsorientierten Zwei-Stufen-Konzepts -, die durch das Fehlen von Abgrenzungs- bzw. Gestaltungskriterien begünstigt werden, zusammen, so ist zu erwarten, daß eine Marktwirtschaft wie die der Bundesrepublik der Staatsaktivität im Zuge ihrer Entwicklung einen immer größeren Platz einräumt und daß sie somit den Keim, sich auf diese Weise selbst zu überwinden, in sich trägt. Der ständig wachsende Staatsanteil in marktwirtschaftlichen Industrieländern, der inzwischen in der Bundesrepublik (einschl. der Sozialversicherung) nahe bei 50 % liegt, bestätigt eindrucksvoll die schon Ende des vorigen Jahrhunderts von Wagner aufgestellte Prognose der *Entwicklung vom rahmensetzenden Ordnungsstaat zum ausgabenintensiven Wohlfahrtsstaat.*[13]

2. Elemente einer Umorientierung der Staatstätigkeit

Unter der Voraussetzung, daß die bisherigen Ausführungen die Rolle des Staates in der Marktwirtschaft - zwar grob vereinfacht, aber tendenziell zutreffend - beschreiben, liegt die Schlußfolgerung nahe, daß die Aufgaben des Staates und ihre Durchführung in der Marktwirtschaft v o n G r u n d a u f überdacht werden müssen, will man die anhaltende Entwicklung zur Staatswirtschaft abbremsen. Die von den Verantwortlichen der Wirtschaftspolitik diskutierten Maßnahmen sind dabei kaum richtungsweisend. Weder ist es sinnvoll und ausreichend, angesichts des Budgetdefizits aus sozialen Gründen als notwendig erachtete, aber für private Investitionen und Wachstum weniger wichtige Ausgaben zu kürzen oder in marginalen Bereichen Güterversorgung auf den Markt zurückzuverlagern, noch kann man sich mit einem weiter wachsenden Staatsanteil als einer unvermeidlichen Begleiterscheinung einer Weiterentwicklung der Marktwirtschaft zur Realisierung neuer Ziele abfinden. Die Handlungsmaxime des Staates muß in der Weise neu definiert werden, daß neben die genannten allgemeinen Handlungsprinzipien spezielle treten, die geeignet sind, zu einer Eindämmung von Staatsaufgaben und -ausgaben beizutragen.

2.1 Prinzipien, Beispiele und Folgen einer Umorientierung staatlicher Maßnahmen

a) Betrachten wir zunächst die *Entwicklung staatlicher Maßnahmen* im Rahmen vorgegebener, gesellschaftlich als notwendig erachteter Staatsaufgaben. Sieht man einmal von der - immer wieder geforderten - Möglichkeit, die Effizienz staatlicher Maßnahmen zu steigern, ab, so kann vor allem durch den vorrangigen Einsatz budgetschonender Maßnahmen im Aufgabenbereich 'Korrektur gesellschaftlich unerwünschter Ergebnisse und Nebenwirkungen' verhindert werden, daß wachsende

Staatsaufgaben zu entsprechend steigenden Staatsausgaben und -einnahmen führen.

Dazu müßte der Staat in diesem Aufgabenbereich die Orientierung am Zwei-Stufen-Konzept aufgeben, das ihm aus den privaten Produktions-, Konsum- und Marktprozessen Mittel zuweist, um andere - neben der Güterversorgung ebenfalls als notwendig erachtete - Ziele, die bei der Güterversorgung vernachlässigt oder gar beeinträchtigt worden sind, erfüllen zu können. Die *Handlungsmaxime* in diesem Aufgabenbereich müßte vielmehr lauten: Die Privatwirtschaft, die für große Teile der Güterversorung verantwortlich ist, ist auch für die mit dieser Güterversorgung einhergehenden gesellschaftlichen Wirkungen (Arbeitslosigkeit, ungleichmäßige Verteilung, Umweltbelastungen) zuständig. Die Aufgabe des Staates ist es, den Rahmen dafür so zu setzen, daß nicht nur die Güterversorgung in bedürfnisorientierter Weise erfolgt, sondern daß dabei auch gesellschaftlich unerwünschte Wirkungen unterbleiben. Nur wenn das   n i c h t   gelingt, könnte der Staat als korrigierende, ausgabentätigende Instanz auftreten. Damit verlagerten sich die Aktivitäten von ausgabenverursachenden kompensatorischen Produktionen des Zwei-Stufen-Konzepts zur weniger ausgabenintensiven Gestaltung von Rahmenbedingungen für die privaten Produktions-, Konsum- und Marktprozesse (Ein-Stufen-Konzept).

Die Realisierung der Güterversorgung bei   g l e i c h z e i t i g e r   Vermeidung negativer gesellschaftlicher Nebenwirkungen träte an die Stelle der Güterversorgung mit   a n s c h l i e ß e n d e r   Korrektur solcher Effekte. Das wirkte sich nicht nur positiv auf das ordnungspolitische Problem der ständig wachsenden Staatstätigkeit aus. Es trüge auch - wie zu zeigen sein wird - zur Verbesserung der ökonomischen Effizienz staatlicher Maßnahmen bei sowie zur konsequenteren, da näher an den Ursachen ansetzenden Eindämmung der negativen Nebenwirkungen privater Produktionsprozesse. Gleichzeitig würde der Spielraum für die staatlichen Aufgaben, die   n u r   mit einer Erhöhung der Staatsausgaben zu erfüllen sind, vergrößert.

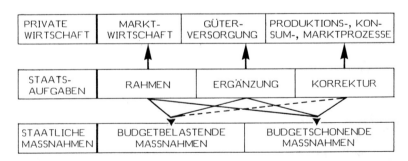

PRIVATE WIRTSCHAFT	MARKT-WIRTSCHAFT	GÜTER-VERSORGUNG	PRODUKTIONS-, KON-SUM-, MARKTPROZESSE
STAATS-AUFGABEN	RAHMEN	ERGÄNZUNG	KORREKTUR
STAATLICHE MASSNAHMEN	BUDGETBELASTENDE MASSNAHMEN	BUDGETSCHONENDE MASSNAHMEN	

b) Am Beispiel der *Einbeziehung gesellschaftlicher Nebenwirkungen auf Beschäftigung und Umwelt* in die sie auslösenden privaten Produktionsprozesse sollen diese Gedanken verdeutlicht werden. Anstelle von nachgelagerten Beschäftigungs- und Umweltprogrammen müßten die Ziele 'Vollbeschäftigung' und 'Schonung der Umwelt' so in den staatlichen Rahmenbedingungen verankert werden, daß sie die marktwirtschaftlichen Abstimmungsprozesse lenken, aber nicht gefährden. Das kann im Grunde nur gelingen, wenn die (internationale) Wettbewerbsfähigkeit der Unternehmen erhalten bleibt, indem anstelle von Kosten e r h ö h u n g e n   zielbezogene Veränderungen der Kosten s t r u k t u r e n   stattfinden. Hier sind die Vorschläge von *Binswanger u.a.* richtungsweisend,[14] die - gleichzeitig das Ziel der Vollbeschäftigung und Schonung der Umwelt vor Augen - Rationalisierungsinvestitionen herkömmlichen Typs, die Arbeitsplätze vernichten, indem sie Arbeit durch Kapital substituieren, ersetzen wollen durch Rationalisierungsinvestitionen, die relativ mehr Arbeit erfordern, aber Ressourcen (Energie, Rohstoffe) ebenso einsparen wie Emissionen mindern und Recyclingprozesse fördern.

"Die heute vorherrschenden ökonomischen Anreizmuster belohnen ein einzelwirtschaftliches Investitionsverhalten, das gesamtwirtschaftlich sowohl das Umwelt- als auch das Beschäftigungsziel verletzt. Da Umweltnutzungen in vielen Bereichen entweder noch kostenlos oder mit zu geringen Preisen (Abgaben, Steuern) versehen sind, auf der anderen Seite der Faktor Arbeit nicht zuletzt durch rasch wachsende Lohnnebenkosten relativ teuer ist, erweisen sich Rationalisierungsinvestitionen als einzelwirtschaftlich profitabel, die Arbeit einsparen und dafür reichlicher Rohstoffe, Engergie und Umweltleistungen verbrauchen. Ein ökologischer Ordnungsrahmen, der eine Zielharmonie von Arbeit und Umwelt ökonomisch profitabel macht, müßte Umwelt, Energie und Rohstoffe verteuern und Arbeit relativ verbilligen".[15]

Das könnte z. B. über eine Reduzierung der Lohnnebenkosten einerseits und über eine zur Kranken- und Rentenfinanzierung zweckgebundene Emissionsabgabe und Ressourcensteuer andererseits erfolgen. Durch eine Gestaltung der ökologisch-ökonomischen Rahmenbedingungen in der skizzierten Weise würde - in Abweichung von der herkömmlichen Beschäftigungs- und Umweltpolitik[16] - konsequent auf eine Einbeziehung des Beschäftigungs- und Umweltziels bereits bei Beginn der Produktionsprozesse, etwa bei der Wahl der Technologien, des Standorts, der Roh-, Hilfs- und Betriebsstoffe sowie des zu produzierenden Produkts, hingewirkt.[17]

c) Im Gegensatz zu nachgelagerten kompensatorischen Beschäftigungs- und Umweltschutzmaßnahmen, auf die natürlich nicht vollständig verzichtet werden kann, belasten diese *einnahmegestaltenden staatlichen Maßnahmen* das Budget nicht; sie wirkten somit dämpfend auf den Staatsanteil. Darüber hinaus wären sie ökonomisch effizienter, weil sie an die Stelle von unter Wohlfahrtsgesichtspunkten bedenklichen kompensatorischen Produktionen[18] treten, und zwar in der Sozialprodukts- und

Wachstumsberechnung positiv zu Buche schlagen (wie Lärmschutz, Abfallbeseiti-
gung, Wasserklärung), die aber in Wirklichkeit knappe Ressourcen nutzen, um -
zumindest teilweise vermeidbare - negative gesellschaftliche Nebenwirkungen aufzu-
fangen. Ferner böten sie - im Gegensatz zu den lediglich wirkungsneutralisierenden
Maßnahmen kompensatorischer Produktionen, deren Kosten die Gesellschaft trägt -
Anreize zur Einstellung von Arbeitskräften und zum sparsamen Gebrauch von Energie und Rohstoffen sowie zur Verringerung von Umweltbelastungen. Für diese Maßnahmen spräche auch, daß jede   n a c h t r ä g l i c h e   Korrektur dann nicht
sinnvoll ist, wenn zwischenzeitlich entstandene Schäden irreparabel oder nur unter
erheblichen (z. B. gesundheitlichen) Opfern zu beseitigen sind.

2.2 Prinzipien, Beispiele und Folgen einer Umorientierung staatlicher Aufgaben

a) In der bisherigen Betrachtung wurden Staatsaufgaben als eine politisch bzw. gesellschaftlich vorgegebene Größe angesehen und Möglichkeiten aufgezeigt,
wie der wachsende Staatsanteil durch Entscheidungen für weniger budgetbelastende
staatliche Maßnahmen gebremst werden könnte. Im folgenden sollen die *wachsenden
Staatsaufgaben* selbst in Frage gestellt werden. Wie wir gesehen haben, ist im Zuge
der Entwicklung vom klassischen Liberalismus zu den verschiedenen Stufen der
Sozialen Marktwirtschaft für den Staat nicht nur der Aufgabenbereich 'Korrektur
unzureichender Ergebnisse der Produktions-, Konsum- und Marktprozesse' hinzugekommen, sondern innerhalb der einzelnen Bereiche hat eine *Aufgabenhäufung* stattgefunden. Damit diese Tendenz nicht ungebrochen anhält, ist es erforderlich, besonders über den Aufgabenbereich 'Ergänzung der privatwirtschaftlichen Güterversorgung' nachzudenken: Die Versorgung mit öffentlichen (meritorischen) Gütern
kann nicht immer weiter ausgedehnt werden, wie es in der Vergangenheit geschehen
ist:[19]

Die *Handlungsmaxime* müßte vielmehr lauten: Da die Übernahme staatlicher Aufgaben auf politischen Entscheidungen in Abhängigkeit vom Entwicklungsstand einer
Gesellschaft beruht, ist zu jedem Zeitpunkt nicht nur zu prüfen, ob und welche
Aufgaben neu zu übernehmen sind, sondern auch, ob und welche der früher übernommenen Aufgaben aufgrund veränderter Verhältnisse vom Staat nicht mehr bzw.
nicht mehr im bisherigen Umfang durchgeführt werden müssen.
Die *Übernahme neuer Aufgaben bei gleichzeitiger Verminderung alter Aufgaben* entsprechend dem Subsidiaritätsprinzip trüge ebenfalls dazu bei, die Entwicklung von
der Marktwirtschaft zur Staatswirtschaft zu bremsen. Sie könnte darüber hinaus -
wie zu zeigen sein wird - positive Wirkungen auf die Beschäftigung und die Selbst-
entfaltungsmöglichkeiten der Menschen haben.

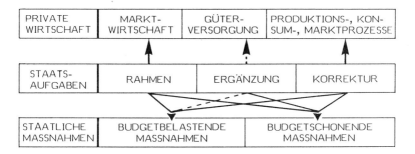

PRIVATE WIRTSCHAFT	MARKT- WIRTSCHAFT	GÜTER- VERSORGUNG	PRODUKTIONS-, KON- SUM-, MARKTPROZESSE

STAATS- AUFGABEN	RAHMEN	ERGÄNZUNG	KORREKTUR

STAATLICHE MASSNAHMEN	BUDGETBELASTENDE MASSNAHMEN	BUDGETSCHONENDE MASSNAHMEN

b) Am Beispiel einer teilweisen *Rückverlagerung staatlicher Sozialleistungen in den privat-autonomen Bereich* - verbunden mit einer Senkung von Sozialabgaben und Steuern und einer unterstützenden staatlichen Rahmensetzung - sollen diese Gedanken verdeutlicht werden. An die Stelle eines kaum noch zu finanzierenden, aus vielen Gründen mit ständig wachsenden Anforderungen und wachsender Kritik konfrontierten staatlichen Dienstleistungsapparats im Sozialbereich[20] könnten in zunehmendem Maße dezentrale, überschaubare und problemnahe Lösungen in Teilgebieten der sozialen Versorgung treten. Auch für Überlegungen zur Konkretisierung des Subsidiaritätsprinzips sind Vorschläge von *Binswanger* u. a. sowie *Leipert* und *Simonis* hilfreich, die im Rahmen der Skizzierung von Strukturen einer alternativen Gesellschaft auf der Basis eines Systems der "Kleinen Netze" (Familie, Nachbarschaft, Stadtteil) eine große Zahl von Tätigkeitsmöglichkeiten für die Befriedigung von "Bedürfnissen der eigenen Infrastruktur" ausmachen, die bisher vom Staat übernommen wurden.[21]

Die r e a l u t o p i s c h e n Vorschläge, die u t o p i s c h auf neue Lebensformen in der Gesellschaft abzielen und r e a l an bestehende Entwicklungen anknüpfen, lassen sich - ohne daß die vielfältigen Probleme ihrer Realisierung hier thematisiert werden könnten - lediglich durch ein Zitat andeuten:

"Eine teilweise Rückverlagerung von sozialen Aufgabenbearbeitungen aus den staatsbürokratischen Organisationen in den privatautonomen Bereich der Haushalte, aus dem die sozialen Problemlagen im Kontext mit der gesamtgesellschaftlichen Entwicklung hervorgehen, wird mit der Idee der Schaffung kleiner Netze der sozialen Selbsthilfe empfohlen. Dazu gehören etwa ein einfaches Sozialzentrum zur Betreuung der Betagten, Alleinstehenden, Außenseiter und zur Bereitstellung sozialer Dienste wie Haushaltshilfe, Hauspflege, Mahlzeitendienst für Alte, Behinderte, Pflegebedürftige, ein Basis-Gesundheitsdienst mit ärztlicher (physischer und psychischer) Betreuung, Geburt und Tod in der gewohnten Umgebung, Kindergarten/ Kinderhort, die Vorschule und erste Sozialisation im Wohnbezirk ermöglichen."[22]

c) Daß die hier beispielhaft skizzierte Rücküberweisung von sozialen Aufgaben des Staates in den privat-autonomen Bereich nicht nur dem wachsenden Staatsanteil

entgegenwirken könnte, sondern auch vom Entwicklungsstand der Gesellschaft
her geboten oder vertretbar erscheint, machen *zwei Entwicklungen* deutlich:

- Zum einen nimmt mit steigendem Wohlstand das Bedürfnis der Menschen nach
Selbstverwirklichung zu. So diagnostiziert *Inglehart*[23] einen Wertwandel von mate-
rialistischen zu postmaterialistischen Werten. Er orientiert sich dabei an der Be-
dürfnishierarchie von *Maslow*,[24] der - stark vereinfacht wiedergegeben - zwischen
Existenz- und Sicherheitsbedürfnissen einerseits und Sozial- und Persönlichkeits-
bedürfnissen andererseits unterscheidet und die Hypothese aufstellt, daß im Prin-
zip erst dann, wenn die Bedürfnisse der materiellen Existenz gesichert sind, die
Bedürfnisse der individuellen und sozialen Entfaltung in zunehmendem Maße das
menschliche Verhalten bestimmen. Unter Einbeziehung der Kritik an diesem Ansatz, die sowohl die Zwangsläufigkeit der sich abzeichnenden Entwicklung als
auch die relativ konfliktfreie Ablösung und Veränderung bestehender Werte infra-
gestellt,[25] läßt sich - auf das diskutierte Problem übertragen - vermuten, daß
mit wachsendem Wohlstand die nicht in gleichem Maße wie die Güterversorgung
berücksichtigten Dimensionen der Lebensqualität[26] zunehmend als Mangel empfunden werden. In der Tat kommt auch eine umfassende Untersuchung über die
Lebensqualität in der Bundesrepublik zu folgendem Ergebnis: "Der Wertewandel
zum 'Postmaterialismus' schien in den siebziger Jahren gebremst und ist nun wieder feststellbar. Doch unseren Beobachtungen zufolge glauben wir eher
an eine Wertdifferenzierung. Der Wohlstand wird nicht an 'Wert' verlieren, aber
neue Werte beispielsweise nach dem Schutz der Umwelt und nach Selbstverwirklichung werden weiter an Bedeutung gewinnen."[27]
- Zum anderen wird immer deutlicher, daß wachstumsorientierte Konzepte zur
Überwindung der Beschäftigungskrise nicht ausreichen und daß Arbeitsverkürzun-
gen bei vollem Lohnausgleich die Wirtschaft überfordern und zu weiteren arbeits-
sparenden Rationalisierungen zwingen würden.[28] Arbeitszeitverkürzungen ohne
Lohnausgleich hingegen wären ohne Reduzierung des Lebensstandards nur möglich, wenn sich die in der Marktwirtschaft und beim Staat nicht benötigte Arbeit
"in der sozialen Selbsthilfe im Rahmen der kleinen Netze" einbringen ließe.

Beiden Entwicklungen käme eine teilweise Rückverlagerung von Sozialaufgaben,
deren Erledigung zu früher Zeit dem Staat übertragen wurde, in den gesellschaftlichen Basisbereich entgegen: Sie förderte zum einen die Schaffung autonomer
Handlungsspielräume und selbstbestimmter Tätigkeiten, sie stärkte zum anderen
die Chance zu Arbeitszeitverkürzungen entsprechend der individuellen Präferenzen
und trüge somit zu einer Bekämpfung der Beschäftigungskrise bei. "Nur eine Kombination von Arbeitszeitverkürzung und qualitativem Wachstum hat Erfolg, wenn der
der arbeitsteiligen Wirtschaft entzogene Teil der Arbeitszeit für die Eigenproduktion
und die Arbeit in den 'kleinen Netzen' zur Verfügung gestellt wird und somit eine
Minderung der Geldlohnsteigerung in Kauf genommen werden kann."[29]

3. Abschließende Bemerkungen

a) Das Konzept der Sozialen Marktwirtschaft hat sich in der Nachkriegszeit außerordentlich bewährt, um eine darniederliegende Volkswirtschaft wie die deutsche in

kürzester Zeit zu einer leistungsstarken Industriegesellschaft zu machen. Die zum Teil besitzlosen Menschen, von denen ein Großteil ohne Arbeit war, fanden Beschäftigung und - nach einigen Konsumwellen (Ernährung, Kleidung, Wohnung, Motorisierung) - zum größten Teil materiellen Wohlstand, zumindest galt das bis in die Mitte der siebziger Jahre.

Die wachsende Güterversorgung hat auch weiterführende Zielsetzungen im Sinne einer im Verhältnis zu materiellem Wohlstand umfassenderen Lebensqualität möglich gemacht, indem sie zum einen die Voraussetzung schuf, um - gewissermaßen auf einer zweiten Stufe - die Lebenschancen und -bedingungen der Menschen sozialer zu gestalten, und zum anderen, um Aktivitäten zu finanzieren, die nicht oder nicht unmittelbar auf eine Erhöhung des Lebensstandards ausgerichtet waren. Der Preis für diese Entwicklung war ein wachsender Anteil der Staatstätigkeit an den Gesamtaktivitäten in der Marktwirtschaft.

b) Trotz dieser grundsätzlich positiven Einschätzung wächst auch die Kritik an dem wachstumsorientierten liberalen und sozialen Zwei-Stufen-Konzept:[30]
- Die Steigerung des materiellen Wohlstands führt trotz staatlicher Korrekturpolitik zu wachsenden oder immer deutlicher ins Bewußtsein drängenden negativen gesellschaftlichen Nebenwirkungen, wie z. B. der Belastung der natürlichen und sozialen Umwelt.
- Zunehmend in Frage gestellt und geringer veranschlagt werden trotz staatlicher Bildungs-, Verteilungs- und Beschäftigungspolitik die positiven gesellschaftlichen Nebenwirkungen des Wachstums: Das gilt z. B. für das Angebot der Wachstumsgesellschaft, auch soziale Bedürfnisse nach gesellschaftlicher Anerkennung und nach Selbstachtung über den Erwerb ökonomischer Positionen und Güter zu erfüllen. Das gilt auch für die Erwartung, Wachstum könne als Konfliktregelungsmechanismus das Verteilungsproblem entschärfen und das Beschäftigungsproblem lösen.

c) Der bereits hohe Staatsanteil und die stattfindende bzw. empfundene Zunahme negativer und Abnahme positiver gesellschaftlicher Nebenwirkungen des Wohlstands, die nach herkömmlichem Lösungsmuster ein weiteres Anwachsen des Staatsanteils zur Folge haben werden, machen eine *Umorientierung in der Staatstätigkeit* unausweichlich. Die vorstehende Gedankenskizze soll Anhaltspunkte dafür bieten, wie durch *zusätzliche Prinzipien der Gestaltung* staatlicher Aufgaben und Maßnahmen sowohl der Trend zur Staatswirtschaft gebremst als auch der sich abzeichnenden Wertdifferenzierung Rechnung getragen werden kann. Eine Umorientierung der Staatstätigkeit in der aufgezeigten Weise könnte einen Beitrag leisten, die *Anpassungsfähigkeit der Marktwirtschaft* an gesellschaftliche Entwicklungen weiterhin zu erhalten bzw. zu erhöhen.

Anmerkungen

1 Ähnliche Systematiken der finanzpolitisch bedeutsamen Aufgaben finden sich heute in Anlehnung an G. Colm (On Goals Research, als Einleitung zu: L. A. Lecht, Goals, Priorities, and Dollars, The Next Decade, New York/London 1966, S. 2ff.) und R. A. Musgrave (Finanztheorie, Tübingen 1969², S. 5ff.) in finanzwissenschaftlichen Lehrbüchern

2 K. Borchardt, Die Konzeption der Sozialen Marktwirtschaft in heutiger Sicht, in: Zukunftsprobleme der Sozialen Marktwirtschaft. Schriften des Vereins für Socialpolitik, NF, Bd. 116, Berlin 1981, S. 36

3 Vgl. das integrative Konzept zur Bestimmung öffentlicher Güter bei D. Lepelmeier/ E. Theurl, Zur Problematik meritorischer Güter, WiST 12/1981, S. 553ff.

4 Im Grund sind ALLE Güter, - wie bei Einbeziehung der Umwelt deutlich wird - Mischgüter in dem Sinne, daß externe Effekte (hier: in Form einer Belastung der Umwelt) vorliegen

5 Vgl. W. Glatzer/W. Zapf (Hg.), Lebensqualität in der Bundesrepublik. Objektive Lebensbedingungen und subjektives Wohlbefinden, Frankfurt/New York 1984

6 Vgl. A. Bohnet/U. Knapp, Auffassungen des Liberalismus über Stellung und Aufgaben des Staates im System kapitalistischer Marktwirtschaften, WISU 8 u. 9 (1977), S. 357ff. und S. 409ff.

7 H. Zimmermann/K.-D. Henke, Finanzwissenschaft, München 1978², S. 36

8 Vgl. hierzu: G. Hartkopf/E. Bohne, Umweltpolitik, Bd. 1, Grundlagen, Analysen und Perspektiven, Opladen 1983

9 Vgl. W. Eucken, Grundsätze der Wirtschaftspolitik, Tübingen/Zürich 1960³, S. 255ff., S. 285ff.

10 A. Müller-Armack, Soziale Marktwirtschaft, wiederabgedruckt in: Wirtschaftsordnung und Wirtschaftspolitik, Freiburg 1966, S. 246

11 Vgl. A. Müller-Armack, Die Soziale Marktwirtschaft nach einem Jahrzehnt ihrer Erprobung, a.a.O., S. 251ff.

12 W. Meißner/D. Glüder, Wir brauchen Wachstum, Aus Politik und Zeitgeschichte, 19 (1984), S. 23

13 A. Wagner, Grundlegung der politischen Ökonomie, 1. Theil, Leipzig 1892³, S. 885ff.

14 Vgl. H. Ch. Binswanger u. a. (Hg.), Der NAWU-Report: Wege aus der Wohlstandsfalle, Frankfurt 1978; H. Chr. Binswanger u.a., Wirtschaft und Umwelt, Stuttgart 1981; H. Ch. Binswanger u. a., Arbeit ohne Umweltzerstörung, Frankfurt 1983

15 In Anlehnung an die Konzeption von Binswanger u.a.: Ch. Leipert, Ansatzpunkte für eine integrierte Beschäftigungs- und Umweltpolitik, Verbrauchererziehung und wirtschaftliche Bildung, 3 (1984), S. 21

16 "Wir müssen in Zukunft das Vorsorgeprinzip konsequenter als bisher verwirkli-
chen. Es genügt einfach nicht, sich bei den prioritären umweltpolitischen
Zielen nur auf ein Minimum an Umweltschutz, wie z. B. auf die Verwirklichung
des Standes der Technik bei Neuanlagen, zu beschränken". - L. Wicke, Die Soziale
Marktwirtschaft in der umweltpolitischen Bewährungsprobe, Aus Politik und
Zeitgeschichte, 32 (1985), S. 18

17 Vgl. H. Ch. Binswanger u.a., Arbeit ohne Umweltzerstörung, a.a.O., Kp. 5

18 Vgl. M. Jänicke, Wie das Industriesystem von seinen Mißständen profitiert,
Wiesbaden 1979

19 "Zur Erklärung der zunehmenden Staatsausgaben kann ... einerseits darauf hingewiesen werden, daß die vom Staat schon früher erfüllten Aufgaben mit der
Zeit verstärkt wahrgenommen wurden, und andererseits festgestellt werden, daß
neue, im Sinne von neu hinzugekommenen Aufgaben zu ihrem Wachstum beigetragen haben" - H. Zimmermann/K.-D. Henke, a.a.O., S. 36f.

20 Vgl. vor allem P. Herder-Dorneich, Die Steuerung des Sozialstaates als
ordnungspolitisches Problem, Düsseldorf 1982

21 Vgl. H. Ch. Binswanger u.a. (Hg.), Der NAWU-Report..., a.a.O., S. 222ff.;
Ch. Leipert/U. E. Simonis, Alternativen wirtschaftlicher Entwicklung, in:
U. E. Simonis (Hg.), Ökonomie und Ökologie, Karlsruhe 1980, S. 103ff.

22 Ch. Leipert, Theoretische und wirtschaftspolitische Konsequenzen aus der Kritik
an der Wachstumsgesellschaft, Aus Politik und Zeitgeschichte 25 (1981), S. 50

23 Vgl. R. Inglehart, The Silent Revolution, Princeton 1977

24 Vgl. A. H. Maslow, Motivation und Persönlichkeit, Olten/Freiburg 1977

25 Vgl. H. v. Recum, Dimensionen des Wertewandels, Aus Politik und Zeitgeschichte, 25 (1984), S. 3ff.

26 Vgl. z. B. E. Küng, Wirtschaftsordnung und Lebensqualität, WISU 6 (1985),
S. 311; vgl. auch die auf objektive und subjektive Komponenten in den Lebensbe-
reichen der Individuen abstellende Definition von Lebensqualität bei W. Glatzer/
W. Zapf, Die Lebensqualität der Bundesbürger, Aus Politik und Zeitgeschichte,
44 (1984), S. 3ff.

27 W. Glatzer/W. Zapf, Die Lebensqualität der Bundesbürger, a.a.O., S. 25

28 Vgl. hierzu den Überblick über konkurrierende Erklärungs- und Lösungsansätze
bei G. Willke, Wirtschaftspolitische Optionen gegen strukturelle Arbeitslosigkeit,
Aus Politik und Zeitgeschichte, 12 (1984), oder bei H. Friedrich, Grundkonzeptio-
nen der Stabilisierungspolitik, Opladen 1983

29 H. Ch. Binswanger/A. Jäger, Ökonomie und Ökologie, in: Sozialwissenschaftliches
Institut der Ev. Kirche in Deutschland (Hg.), Zwischen Wachstum und Lebensqualität, München 1980, S. 103

30 Vgl. hierzu die Argumente bei Ch. Leipert, Theoretische und wirtschaftspolitische
Konsequenzen..., a.a.O., S. 31ff.

WERNER DÜCHTING

Welche Rolle kann und sollte der Staat bei der Entwicklung und Einführung neuer Technologien spielen?

1. Einführung

Wenn Du trinkst, denk an die Quelle.

(Chinesisches Sprichwort)

In der Übergangsphase von der Lohnarbeits- zur Informatik-Ära ist unsere Gesellschaft gekennzeichnet durch einen tiefen Wandel ihrer sozialen, kulturellen und politischen Struktur. Alte Klassenstrukturen verschwinden, und Schichten, bestehend aus Wissenschaftlern, Ingenieuren und Managern bekommen ein neues Gesicht. Einer Schicht der *"Wissenden"* wird eine der *"Unwissenden"* gegenüberstehen. Obwohl der Staat als Organisator in jeder Gesellschaft unentbehrlich ist, ist zu beachten, daß bereits zahlreiche internationale Konzerne viel mächtiger als nationale Staaten sind, weil sie den erwähnten Struktur- und Organisationswandel bereits vollzogen haben. Denn viele Probleme lassen sich heute auch nur noch international lösen (Kommunikation, Verteidigung, Umweltfragen).

Die Basis für den angedeuteten Strukturwandel ist zweifellos die Einführung neuer Technologien wie z. B. der Informationstechnik, Mikroelektronik oder Biotechnologie. Diese haben beispielsweise in den USA bei der Firma IBM dazu geführt, daß bei der automatischen Fertigung von Personal Computern die menschliche Arbeitskraft und damit der Lohnanteil lediglich noch in *Sekunden* bemessen wird. Die dadurch nicht nur in den Entwicklungs-, sondern auch in den klassischen Industrieländern auftretenden großen Schwierigkeiten wie z. B. die Arbeitslosigkeit (Bild 1) haben zu der vieldiskutierten Fragestellung geführt: Auf welche Weise, mit wieviel Mitteln und wie schnell soll der Staat den Strukturwandel fördern? Da eine allgemeingültige Beantwortung dieser Frage nicht möglich ist, soll im folgenden - ausgehend von dem jeweiligen aktuellen Stand in drei ausgewählten Industrieländern (Bundesrepublik Deutschland, USA, Japan) - versucht werden, - beschränkt auf die Bundesrepublik Deutschland - einige Vorschläge für ein effizienteres Handeln des Staates bei der Entwicklung und Einführung neuer Technologien zu formulieren.

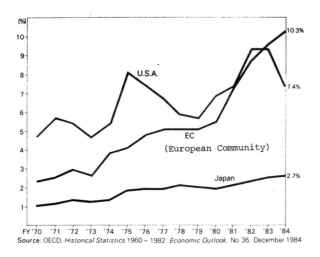

Source: OECD. *Historical Statistics* 1960 – 1982: *Economic Outlook.* No. 36. December 1984

Bild 1: Zeitlicher Verlauf der Arbeitslosenrate

2. Derzeitige Aktivitäten der Staaten Bundesrepublik Deutschland, USA und Japan

Wenn etwas kleiner ist als das Größte,
so ist es darum noch lange nicht unbedeutend.

(Seneca)

Obwohl die Realwerte der Forschungsbudgets in Bild 2 der drei Industrieländer Bundesrepublik Deutschland, USA und Japan stark variieren, ist bei den bezogenen Eckdaten "Ausgaben für Forschung und Entwicklung" (TABELLE 1) auf den ersten Blick nicht erkennbar, daß eines dieser Länder seine Aufwendungen für "Forschung und Entwicklung" gravierend vernachlässigt. Allerdings fällt bei den USA der erhöhte Sach- und bei Japan der höhere Personalaufwand im Vergleich zur Bundesrepublik Deutschland auf. Das erhebliche Gefälle auf dem Feld der Zukunftstechnologien von der Informationstechnik bis hin zur Biotechnologie zwischen den einzelnen Ländern muß somit durch andere - bislang noch nicht erwähnte - Einflußfaktoren entstanden sein.

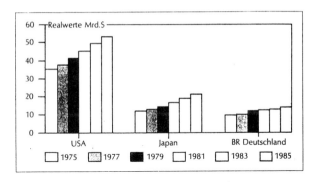

Bild 2: Forschungsbudgets im Vergleich (Quelle: Battelle Institut, 1985)

TABELLE 1: Bezogene Eckdaten "Ausgaben für Forschung und Entwicklung" in 1981

	BRD	USA	JAPAN
Ausgaben für Forschung und Entwicklung/Einwohner in U$	257	322	230
Anzahl der Forscher/1000 Erwerbspersonen	4,7	6,1	6,9

2.1 Bundesrepublik Deutschland

Eine Erfindung besteht immer aus zwei Teilen:
der Idee und ihrer Ausführung.
(Rudolf Diesel)

In der Bundesrepublik Deutschland förderten der Staat, d. h. der Bund (beispielsweise über das Bundesministerium für Forschung und Technologie BMFT) und die einzelnen Bundesländer, sowohl die Grundlagen- als auch die angewandte Forschung im Haushaltsjahr 1983 mit insgesamt 19,8 Mrd. DM (Bild 3). Weitere Mittel in Höhe von 26,3 Mrd. DM wurden zusätzlich von der Wirtschaft aufgebracht, in die jedoch

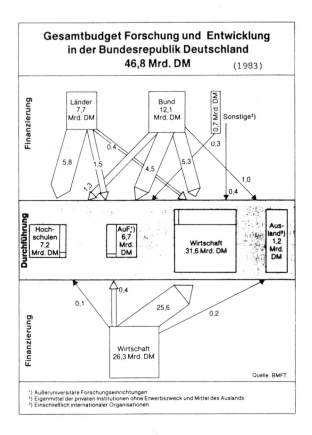

Bild 3: Gesamtbudget Forschung und Entwicklung in der Bundesrepublik Deutschland in 1983 (*1985: 38 Mrd. DM)

zur Steigerung der Leistungs- und Wettbewerbsfähigkeit direkt 31,6 Mrd. DM zurückflossen, d. h. der Staat förderte den Forschungs- und Entwicklungsaufwand der Wirtschaft jährlich direkt mit ca. 5,3 Mrd. DM. Somit beträgt der Anteil unserer Wirtschaft am gesamten Forschungsbudget ca. 60 %. Leider verbleiben von den Forschungsmitteln der Wirtschaft 97 % in der Wirtschaft selbst; nur ca. 3 % werden für Kooperationsforschung mit Institutionen außerhalb der Wirtschaft verwendet!

Obwohl die Grenzen zwischen Grundlagen- und angewandter Forschung fließend sind, lassen sich die Forschungsaktivitäten an den 60 *Max-Planck-Instituten* (1984: 10.000 Mitarbeiter; Haushalt 986 Mio. DM), die von der Biochemie über molekulare Genetik bis hin zur Meteorologie reichen, überwiegend dem Bereich der *Grundlagenforschung* zuordnen.

Bei den 13 *Großforschungseinrichtungen* (1984: 20.400 Mitarbeiter; 1983: Haushalt 2,035 Mrd. DM) wie z. B. der Kernforschungsanstalt Jülich KFA, der Gesellschaft für Strahlen- und Umweltforschung GSF oder des Deutschen Krebsforschungszentrums DKFZ ist dagegen in den letzten Jahren ein Trend zur angewandten Forschung zu beobachten, die Gebiete wie Kern-, Weltraum-, Laser-, Meerestechnik, Krebsforschung, Umwelt- und Biotechnologie umfaßt.

Die Förderung der *Hochschulen* (1983: 75.000 Mitarbeiter in der Forschung; Haushalt 7,2 Mrd. DM), die sowohl Grundlagen- als auch angewandte Forschung betreiben, geschieht einerseits über zahlreiche Sonderprogramme (Informations-, Fertigungstechnik, Materialforschung), die zum Teil in Kooperation mit der Industrie bearbeitet werden, andererseits in der Regel über die *Deutsche Forschungsgemeinschaft* DFG (1984: Haushalt 942 Mio. DM).

Überwiegend *angewandte Forschung* wird hingegen in den 31 Instituten der *Frauenhofer Gesellschaft* FhG betrieben (1984: 3.400 Mitarbeiter; Haushalt 413 Mio. DM) mit den Schwerpunkten Produktionsautomatisierung und Mikroelektronik.

Zur Veranschaulichung des Aufwandes der Wirtschaft seien die Aufwendungen der Firma Siemens für Forschung und Entwicklung im Geschäftsjahr 1984/85 aufgeführt: 30.000 Mitarbeiter in Forschung und Entwicklung; 4.6 Mrd. DM Entwicklungsaufwand; 94 % seiner Forschungs- und Entwicklungsausgaben finanziert das Unternehmen selbst. Darüber hinaus kooperiert es mit den Hochschulen beispielsweise auf den Gebieten Entwicklung Integrierter Schaltungen (EIS), Erprobung von Rechnernetzen und flexible automatisierte Produktionssysteme für die Fabrik der Zukunft.

Weiterhin unterstützten Bund und Länder zahllose Pilotaktivitäten auf dem Gebiet des *Technologietransfers* Hochschule-Wirtschaft und der *Technologieberatung* (Schätzwert: Ausgaben des Bundes 1984: 838 Mio. DM). Neben der gemeinsamen Förderung von Forschung und Entwicklung von Bund und Bundesländern entwickeln die einzelnen Bundesländer jeweils *zusätzlich* eigene regionalpolitisch motivierte Wissenschafts- und Technologieförderungsprogramme auf zukunftsträchtigen Gebieten (Mikroelektronik, Biotechnologie, Informations-, Produktions-, Energietechnik). Von den gesamten Forschungs- und Entwicklungsaufgaben der Bundesländer (1983) in Höhe von 7,7 Mrd. DM betrug der Anteil des Landes Nordrhein-Westfalen etwa 25 %, obwohl man auf dem Gebiet der Forschung und Entwicklung ebenfalls von einem Nord-Süd-Gefälle spricht. Als Zwischenbilanz gibt Bild 4 eine Übersicht über die Durchführung der Forschungs- und Entwicklungstätigkeiten durch Wirtschaft, Staat und Hochschulen.

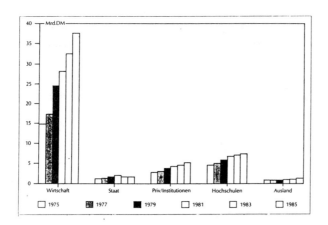

Bild 4: Durchführung von Forschung und Entwicklung in der Bundesrepublik Deutschland (Quelle: Battelle Institut, 1985)

Als Ansatz, den amerikanischen und japanischen Vorsprung in den Schlüsseltechnologien einzuholen, ist neben der Förderung der europäischen Weltraumorganisation ESA (European Space Agency) das europäische Forschungsprogramm "Informationstechnologie" ESPRIT (European Strategic Programme on Research in Information Technology) der Europäischen Gemeinschaft in den Jahren 1984-1988 bzw. die westeuropäische technologische Zusammenarbeit unter dem Stichwort EURECA

(EUropean REsearch Coordination Agency) zu sehen. Trotz einiger Teilerfolge wie z. B. bei dem europäischen Airbus, der europäischen Weltraumrakete Ariane oder dem Weltraumlabor Spacelab beträgt bei den integrierten Schaltkreisen, der Basistechnologie für die gesamte Elektronik, der Anteil von Westeuropa lediglich 7 % der Weltproduktion. In der Bundesrepublik Deutschland ist trotz der soeben geschilderten gewaltigen Anstrengungen in der letzten Dekade ein *Rückfall* des Exports auf dem Gebiet der Spitzentechnologie von 26 % auf 17 % zu verzeichnen (TABELLE 2). Der deutsche Anteil an Informationsmärkten über Datenbanken beträgt sogar zur Zeit nur ca. 2 %.

TABELLE 2: Exporte von Spitzentechnologie (in %)

	1972	1983
Bundesrepublik Deutschland	26	17
Frankreich	11	8
Großbritannien	14	10
Schweiz	4	3
Japan	13	25
USA	32	37

2.2 USA

**Das Erfinden ist kein Produkt des logischen Denkens;
es ist die Intuition, die zuerst das Neue erkennt.**
(Albert Einstein)

Die euphorische technologische Aufbruchstimmung, in der sich die USA und Japan befinden, erleben wir fast täglich im Fernsehen. Diese Stimmung spiegelt sich auch auf dem Gebiet der Forschungsförderung wider. Im Jahr 1984 hat die US-Regierung den Bereich Forschung und Entwicklung mit über 160 Mrd. DM gefördert, wobei der Schwerpunkt im Bereich der Verteidigung und Grundlagenforschung liegt. In der Bundesrepublik Deutschland betrug der vergleichbare Wert (Bund und Länder) 19,8 Mrd. DM. Die US-Wirtschaft finanziert 68 % ihrer Forschungen aus eigenen Mitteln die restlichen 32 % kommen von der US-Bundesregierung. Diese Forschungsförderungspolitik hat zweifellos einen bedeutenden Anteil an den großen Erfolgen der USA auf dem Gebiet der Zukunftstechnologien.

Die USA stellen zur Zeit den schnellsten Rechner der Welt (Supercomputer CRAY-2: 2000 MFLOPS maximale Leistung, 256 M Worte <ca. 2.000 M Bytes> Hauptspeicher, 4 CPUs, 4.1 n sec. Taktzeit), der einen Durchmesser von 1.34 m und eine Höhe von nur 1,14 m besitzt und dessen Elektronik in einem Tank mit einer Kühlflüssigkeit angeordnet ist, her. Dadurch sind sie u. a. in der Lage, den großen Wachstumsmarkt für computerunterstütztes Entwickeln und Konstruieren (Computer Aided Design, CAD) mit den erforderlichen Komponenten zu versorgen. Sie leisten weiterhin einen wesentlichen Beitrag zur vollautomatisierten "Fabrik der Zukunft", indem sie die Roboterentwicklung intensiv fördern und die Roboter mit Fühl- und Seheigenschaften (Sensorik) versehen. Intelligente Roboter werden heute bereits dem nächsten großen Gebiet zugeordnet, das zu den neuen Technologien zählt, nämlich dem der "Künstlichen Intelligenz". Dieses umfaßt neben den intelligenten Robotern: Expertensysteme, Bildverarbeitung, Sprachverarbeitung und automatisches Programmieren (Computer-Unterstützung des Programmiervorganges). Ein Expertensystem besteht beispielsweise aus Datenbanken, aus Benutzungsregeln sowie aus Programmen, die es ermöglichen, aus Fakten und Regeln Schlüsse zu ziehen. Bild 5 zeigt einige Anwendungen für Expertensysteme, und Bild 6 gibt eine Marktvorhersage für das gesamte Gebiet der künstlichen Intelligenz bis zum Jahr 1990.

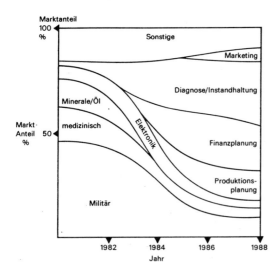

Bild 5: Anwendung für Expertensysteme (Quelle: DEC, 1985)

MARKTSEGMENT	1981	1982	1983	1984	1985	1986	1987	1988	1989	1990
Expertensysteme	4	9	18	35	67	126	231	408	678	1017
Software für Kommu- nikation i. natürl. Sprache	5	8	18	34	64	117	208	357	574	832
Computerunterstützte Ausbildung	3	5	8	14	24	40	66	103	150	195
Bildverarbeitung	10	22	50	90	133	210	322	472	642	770
Akustische Spracheingabe	5	7	11	18	35	70	115	180	263	342
Total	27	51	105	191	323	563	942	1520	2307	3156

Bild 6: Markt für "Künstliche Intelligenz" in Millionen $ (Quelle: DEC, 1985)

Es sei in diesem Zusammenhang daran erinnert, daß diese großartigen Leistungen Anfang der 60er Jahre von ganz wenigen ausgezeichneten Studenten, denen hervorragende Wissenschaftler die Chance gegeben haben, ihre eigenen neuen Gedanken zu realisieren, vollbracht worden sind. Heute - über 20 Jahre später - muß die restliche Welt ungeheure Anstrengungen machen, um derartige Entwicklungen nachzuvollziehen.

2.3 JAPAN

**Alles Fertige wird angestaunt,
alles Werdende wird unterschätzt.**

(Nietzsche)

Trotz des prägenden Einflusses des Buddhismus und des Shintoismus auf die japanische Mentalität ist die japanische Bevölkerung bereit, technologische Neuerungen zu akzeptieren. Hierzu haben viele Faktoren beigetragen, u. a. die Strukturreform der Schulen nach amerikanischem Vorbild sowie der hohe Anteil der naturwissenschaftlich-technischen Fächer in der Schule. Der Schlüssel für den Aufstieg Japans zur zweiten Wirtschaftsmacht hinter den USA liegt jedoch in der engen Zusammenarbeit zwischen der Regierung, dem MITI (Ministry of International Trade and Industry), der Wirtschaft und der Wissenschaft, die zusammen eine langfristig angelegte Forschungs- und Entwicklungspolitik betreiben. So war es beispielsweise möglich, die Überkapazitäten im Schiffsbau innerhalb von nur 2 Jahren (1978 - 1980) um 35 % zu reduzieren und die Kapazitäten im Automobilbau 1983 auf 11,1 Millionen Einheiten zu erhöhen. Um den hohen Anteil des Öls an der Energieversorgung zu senken, hat das Forschungsmanagement den zügigen Ausbau der Kernkraftwerke beschlossen. Ebenso zielstrebig werden jedoch auch die Umweltprobleme (Verkehrs-, Lärm- und Abfallprobleme) angegangen. Es fällt auf, daß von den steigenden Ausgaben für Forschung und Entwicklung, die 1981 umgerechnet 41,3 Mrd. DM betrugen, lediglich 14,6 % für die "Grundlagen-", hingegen 25,6 % für die "angewandte Forschung" und 59,8 % für die "Entwicklung" aufgewendet worden sind. Bemerkenswert ist weiterhin, daß 75 % des gesamten Forschungsbudgets von der Wirtschaft aufgebracht werden. Den höchsten Anteil am Umsatz wies dabei interessanterweise die pharmazeutische Industrie mit 5,85 % auf. Neben dem Einstieg in die Weltraum- und Luftfahrttechnik, der Roboterentwicklung, der Entwicklung der 5. Rechnergeneration, die mit künstlicher Intelligenz ausgestattet werden soll, bildet vor allem die Biotechnologie (Gentechnologie) den Schwerpunkt künftiger japanischer Forschungsaktivitäten. Derartige Anstrengungen haben dazu geführt, daß Japan, dessen Bevölkerungszahl nur halb so groß wie die der USA ist, im letzten Jahrzehnt 40 % mehr Patente angemeldet hat als die USA.

3. Anregungen zur Verbesserung der Situation in der Bundesrepublik Deutschland

Wer gar zu viel bedenkt, wird wenig leisten.

(Schiller)

Eine Bewertung der technologischen Wettbewerbsfähigkeit der Bundesrepublik Deutschland ist nicht ganz einfach. Allgemein läßt sich feststellen, daß die Konkurrenzfähigkeit auf den klassischen konventionellen Gebieten nach wie vor als gut zu bezeichnen ist, Schwächen in den Bereichen moderner Schlüsseltechnologien jedoch unübersehbar geworden sind. Dies geht auch deutlich aus der Prioritätenliste der Aufwendungen für Forschung und Entwicklung hervor, bei der an erster Stelle die Elektrotechnik, Feinmechanik und Optik mit zusammen 6,24 % Anteil am Umsatz stehen. Da nach TABELLE 1 der prozentuale Aufwand für Forschung und Entwicklung in den drei Ländern Bundesrepublik Deutschland, USA und Japan nahezu gleich ist, lassen sich die unterschiedlichen Erfolge im wesentlichen durch die beiden Komponenten *"Verhältnis Staat - Wirtschaft - Wissenschaft"* und *"Verhältnis Mensch - Technik"* erklären, die in unserem Land verbesserungsbedürftig sind.

3.1 Staat - Wirtschaft - Wissenschaft

Die Kritik an unserem Staat bei der Einführung neuer Technologien läßt sich durch die Begriffe Schwerfälligkeit, Bürokratismus, strukturkonservierende Subventionen kennzeichnen. Die großen wirtschaftlichen Erfolge auf dem "High Technology"-Gebiet in Japan und in den USA sind meiner Meinung nach jedoch nicht darauf zurückzuführen, daß in diesen Ländern prozentual insgesamt höhere Aufwendungen für "Forschung und Entwicklung" gemacht worden sind, sondern vielmehr darauf, daß die dortige Industrie früher als bei uns erkannt hat, die "Neuen Technologien" intensiv zu fördern.

Die Aufgaben, die der *Staat* bei der Einführung von "Zukunftstechnologien" in der Bundesrepublik übernehmen kann und sollte, sind m. E. dreifacher Natur:

a) Eine systematische Drosselung von Erhaltungssubventionen beispielsweise in den Bereichen Stahl und Eisen, Schiffbau, Deutsche Bundesbahn oder auch in der Landwirtschaft.

b) *Keine* Förderung von Technologien, bei denen sich in überschaubaren Zeitabschnitten Gewinne abzeichnen. Die Förderung derartiger Bereiche sollte den nach wirtschaftlichen Gesichtspunkten arbeitenden Banken überlassen werden.

c) Somit bleibt für den Staat lediglich die Aufgabe, das Risiko auf den Feldern zu übernehmen, bei denen - wie beispielsweise in der Gentechnologie - kurzfristige Gewinne nicht unmittelbar sichtbar sind. Ausschließlich für derartige Projekte sollte der Staat bei uns - im Gegensatz zu den USA, wo diese Aufgabe dominierend von "Wagnis-Finanzierungs-Gesellschaften" übernommen wird -, Risiko-Kapital bereitstellen. Auf diese Weise könnte er - neben der Schaffung von verbesserten Rahmenbedingungen (Start-, Anpassungs-, Durchstart-, Stillegungshilfen) und organisatorischen Maßnahmen - auch ordnungspolitisch gezielter auf neue Entwicklungen Einfluß nehmen.

Eine derartige strenge Aufgabenteilung setzt allerdings eine *enge Kooperation* zwischen Staat, Industrie, Wissenschaft und Gewerkschaften - wie sie beispielsweise in Japan zu erkennen ist - voraus. In ihrer Konsequenz wird sie langfristig die bekannten und zur Zeit vorliegenden Mängel abbauen, und es könnte dadurch erreicht werden

* ein forschungsfreundlicheres Klima
* ein effizienteres Forschungsmanagement
* eine Konzentration auf wenige relevante zukunftsträchtige Schwerpunkte
* eine Reduktion von bürokratisch arbeitenden sogenannten "Projektträgern"
* ein beschleunigteres Umsetzen von Grundlagenergebnissen in neue Produkte und
* eine Stärkung von mittelgroßen, konkurrierenden Unternehmen.

3.2 Mensch - Technik

Im Gegensatz zu den USA und Japan ist in unserem Land das Verhältnis "Mensch - Technik" (oder der Blöcke Geistes- und Sozialwissenschaften ⟷ Natur- und Ingenieurwissenschaften) aufgrund der historischen Entwicklung traditionell belastet. Hinzu kommt, daß seit 1970 in der Bundesrepublik Deutschland über 2 Millionen Arbeitsplätze entfallen sind. Eine Heranführung unserer jüngeren Menschen an die Erfordernisse einer modernen Technologiegesellschaft ist daher sehr mühsam. Dem Staat kommt dabei eine besonders wichtige Rolle zu. Er sollte beispielsweise dafür sorgen, daß

* der naturwissenschaftlich-technische Unterricht in den Schulen verstärkt wird
* der systematischen Weiterbildung in "Neuen Technologien" der gebührende Stellenwert zukommt.

Lassen Sie mich mit zwei praktischen Beispielen schließen. Es ist heute in Europa möglich, von hektisch agierenden Regierungen - von Norwegen bis Spanien - für die Erprobung und Einführung neuer Technologien eine an bestimmte Auflagen gebundene, hohe finanzielle Unterstützung zu erhalten. Ob diese die angestrebte Wirkung haben wird, ist zur Zeit offen. Meine Zweifel basieren auf folgenden Fakten:

a) Als Herr Nixdorf sein Unternehmen in den 50er Jahren gründete, gab es weder in Paderborn noch in der Nachbarschaft wie z. B. in Bielefeld oder Dortmund eine Universität. Die heute oft beschworene Universitätsnähe war für diesen dynamischen Unternehmer völlig belanglos.

b) Das gleiche gilt für den Standort der kleinen Roboterfirma TRALLFA in Norwegen, die heute einen Weltmarktanteil von ca. 90 % auf dem Gebiet des Farbspritzens besitzt und an der inzwischen der schwedische Konzern ASEA beteiligt ist. Diese Firma wurde bereits im Jahr 1967 von einem technisch nicht einmal sehr hoch ausgebildeten jungen Mann gegründet, der sich die Arbeit beim Spritzen von Gartenschubkarren erleichtern wollte. In der Nähe des kleinen südnorwegischen Ortes TRALLFA gab und gibt es weder eine Universität, geschweige denn eine Großstadt. Trotzdem gehören die dort entwickelten Produkte zu der Kategorie, die wir heute "High Technology" nennen.

Weder im ersten noch im zweiten Fall standen Subventionen von einer Regierung zur Diskussion. Ich stimme deshalb mit einigen wenigen weitsichtigen Kollegen darin überein, daß man bei der Förderung von neuen Technologien gerade das Gegenteil von dem, was zur Zeit in großem Stil von den Regierungen praktiziert wird, anstreben sollte, nämlich: *Auch nach den Leuten Ausschau halten, die die von einer Regierung angebotenen Gelder ablehnen, ja sogar vor diesen fliehen.*

4. Ausblick

> Die Dinge sind wie ein Strom - dauernd in Fluß;
> ihre Auswirkungen in ständiger Wandlung und
> ihre Ursachen in tausendfachem Wechsel begriffen;
> so gut wie nichts ist dauernd.
>
> (Marc Aurel)

Nach einer Beschreibung der Aufgaben, welche dem Staat bei der Einführung neuer Technologien heute zukommen, möchte ich mit einer Erinnerung an Preußen schließen - wo Friedrich der Große die Aufgaben des Menschen wie folgt beschrieben hat: "Unser Leben ist ein flüchtiger Übergang vom Augenblick unserer Geburt zu dem des Todes. Während dieser Spanne Zeit hat der Mensch die Bestimmung zu arbeiten für das Wohl der Gesellschaft, der er angehört."

Und zu der daraus resultierenden Frage "Wie soll der Mensch handeln?" äußerte sich Friedrich der Große sinngemäß:

(1) glauben, daß alle Menschen *weder* gut *noch* schlecht sind,

(2) ihre *guten* Taten *über* den Wert lohnen,

(3) ihre *schlechten unter* dem Maß strafen,

(4) *Nachsicht* üben gegen ihre Schwächen und

(5) *Menschlichkeit* haben gegen alle.

RALF-HENDRIK KLEB

INDUSTRIELLE NUTZUNG DES WELTRAUMS
Erfolgreiche Umsetzung staatlicher Forschungs- und Technologiepolitik in privat-wirtschaftliche Initiative

1. Zur Notwendigkeit der Förderung einer industriellen Nutzung des Weltraums

Seit 1958 hat die amerikanische Weltraumbehörde NASA mehr als US $ 200 Mrd. für Raumfahrtzwecke aufgewendet. Die europäische Weltraumagentur ESA brachte in den 10 Jahren ihres Bestehens rund US $ 20 Mrd. für Raumfahrttechnologien auf. Alleine die Bundesrepublik Deutschland stellte bisher - ihre Beiträge für europäische Weltraumaktivitäten eingerechnet - rund DM 11 Mrd. zur Verfügung. Mit diesen, von Steuerzahlern aufgebrachten Mitteln wurde eine Infrastruktur in der Raumfahrt ge-schaffen, die mit Jahrhundertleistungen wie dem Bau der Eisenbahn- und Autobahn-netze vergleichbar ist.

Während anfänglich astronomische Interessen und die Absicht der Exploration ande-rer Sterne im Vordergrund der Raumfahrt standen, gewann die kommerzielle Nut-zung der Raumfahrt stetig an Bedeutung. In den Bereichen Erdbeobachtung, Navi-gation und Kommunikation eröffnete die Satellitentechnik fortan völlig neue Märk-te, deren Volumen mit mehr als 120 Satelliten, die heute im Weltraum betrieben werden, noch längst nicht ausgeschöpft ist. In der jüngeren Raumfahrtgeschichte wurde - neben den Satelliten - eine Vielzahl von Raumfahrtsystemen entwickelt, die eine Nutzung des Weltraums als Labor für Grundlagenforschung unter verminder-ter Schwerkraft ermöglichen.

Seit dem Start der ersten Rakete im Jahre 1942 hat die deutsche Wissenschaft und Industrie ständig an der Entwicklung der Raumfahrt mitgewirkt und genießt dies-bezüglich international hohes Ansehen. Außerhalb der Raumfahrtindustrie und deren zahlreiche Zulieferer bestand in deutschen Unternehmen allerdings eine weitgehende Unkenntnis der Möglichkeiten einer industriellen Nutzung des Weltraums.

Die zunehmend starke Einbindung der deutschen Industrie in internationale Märkte und das steigende Interesse ausländischer Unternehmen an der Nutzung des Weltraums als Industrielabor machten es erforderlich, den Weltraum in die langfristige Planung deutscher industrieller Forschungs-, Entwicklungs- und Produktionsvorhaben einzubeziehen. Diese Erkenntnis führte Ende 1983 zur Beauftragung der Kienbaum Beratungsgruppe durch die Deutsche Forschungs- und Versuchsanstalt für Luft- und Raumfahrt e. V. (DFVLR). In einer ersten Phase galt es, eine Konzeption für eine industriebezogene Vermarktung der Raumfahrtnutzung zu erarbeiten. Im Rahmen eines Gemeinschaftsprojektes des Bundesministers für Forschung und Technologie (BMFT) und der DFVLR, die sich als eine der 13 Großforschungseinrichtungen der Bundesrepublik mit Raumfahrtprojekten - häufig in Zusammenarbeit mit Hochschulen - beschäftigt, erhielt Kienbaum anschließend den Auftrag, die zuvor erarbeitete Konzeption zur Förderung der industriellen Nutzung des Weltraums umzusetzen. Das Ziel der zweiten Phase war es, die durch Steuermittel finanzierte, staatliche Forschungs- und Technologiepolitik in eine privatwirtschaftliche Initiative überzuleiten, welche sich ausschließlich am industriellen Nutzen orientiert.

2. Weltraum als Labor und Produktionsstätte mit besonderen Umgebungsbedingungen

Mit Hilfe des vielfältigen Angebots an internationalen Fluggelegenheiten in den Orbit ist es möglich, sich die besonderen Umgebungsbedingungen im Weltraum für industrielle Forschungs-, Entwicklungs- und später auch für Produktionszwecke zugänglich zu machen. Der Weltraum bietet ein alternatives "Medium" zu den irdischen Gegebenheiten, und sollte daher verstärkt in den Entscheidungsprozeß über verschiedene erdgebundene Aktivitäten einbezogen werden.

Zu den natürlichen, im Weltraum anzutreffenden, d. h. dort per se vorhandenen Umgebungsbedingungen zählen:

* Vakuum
* Elektromagnetische und Teilchenstrahlung
* Quasiunendliche Energiesenke.

Die durch den Raumflug induzierten, d. h. erst mit Hilfe der Raumfahrtsysteme während der Flugphase erzeugbaren Umgebungsbedingungen im Orbit sind:

* Verminderter Schwerkrafteinfluß (Mikrogravitation)
* Änderung externer Zeitgeber
* Eigenatmosphäre des Raumfahrzeuges, der Plattform bzw. der Station.

Diese besonderen Umgebungsbedingungen sind für industrielle Belange von unterschiedlicher Bedeutung. So läßt sich ein Vakuum durch entsprechende Laboreinrichtungen auch auf der Erde erzeugen, und bietet daher - für sich alleine betrachtet - keinen Anreiz, das Labor in den Weltraum zu verlagern. Erst die Kombination, also das gleichzeitige Auftreten der verschiedenen Umgebungsbedingungen im Orbit, begründet die weitreichenden Industrieinteressen an dem uns fremden "Medium".

Von herausragender Bedeutung ist die Mikrogravitation, ein im Weltraum erzeug-
barer Zustand stark reduzierten Schwerkrafteinflusses. Auf der Erde wird jegliches
menschliches Handeln, werden alle Verfahren und Prozesse wie von einem Schleier
durch die Schwerkraft (Erdanziehungskraft) überlagert (ohne, daß wir uns dieser
Tatsache noch bewußt sind und ohne, daß wir daran etwas ändern können). Selbst
im Weltraum herrscht weitgehend noch der Schwerkrafteinfluß. Wären wir
in der Lage, einen 500 km hohen Turm zu bauen, so würde sich die Erdanziehungskraft, an dessen Spitze lediglich um 14 % vermindert, immer noch auswirken. Erst
durch den 28.000 km/h schnellen Raumflug in etwa gleicher Höhe heben sich
Schwerkraft und Fliehkraft (Zentrifugal- und Zentripetalkraft) gegenseitig im Mittelpunkt des Flugkörpers nahezu völlig auf. Dadurch ist es möglich, den Schleier,
der uns auf der Erde den Blick für vielerlei Dinge verklärt, wie einen Vorhang weg-
zuziehen, und somit zunächst Grundlagen- und angewandte Forschung durch eine
entscheidende neue Qualität zu bereichern.

3. Industriezweige mit Chancen im Weltraum

Neben der direkten Beteiligung an der Raumfahrttechnologie, beispielsweise durch
Systemhersteller, Elektronikfirmen, Unternehmen der Steuerungs- und Regelungstechnik oder durch Werkstoffproduzenten besteht die grundsätzliche Möglichkeit
der Nutzung des Technologie-Rückflusses aus der Raumfahrt in Form von Lizenzen
oder allgemein zugänglichem Know-how. Ähnliches gilt für die bereits sehr stark
kommerziell genutzten Bereiche der Beobachtungstechnik, Kommunikationstechnik
und Navigation.

Die Nutzung des Weltraums als Labor- und später auch als Produktionsstätte kann
insbesondere für die folgenden Industriezweige von Bedeutung sein:
Werkstoffherstellung und -verarbeitung
Elektrotechnik/Elektronik
Pharmazie
Chemie.
Die Voraussetzungen für eine dauerhafte Forschung, Entwicklung und Produktion im
Weltraum werden unterschiedlich beurteilt. Einigkeit besteht jedoch darüber, daß
die Materialien klein bzw. leicht und sehr teuer sein, d. h. einen hohen Verkaufs-
preis erzielen müssen. Außerdem darf eine irdische Konkurrenz so schnell
nicht erwartet werden.

Die Produktion im Weltraum ist für die relevanten Industriezweige die anspruchs-vollste Zielsetzung innerhalb der Raumfahrtaktivitäten und bedingt entsprechend hohe Anforderungen an die Unternehmen bzw. deren zukünftige Märkte. Andere Prognosen deuten darauf hin, daß bis zu 6 neue Indusstriezweige entstehen könn-ten, wenn nur 1 % der derzeitigen Experimente im Weltraum zu erfolgreich vermarktbaren Produkten führt. Raumfahrtinsider sehen zukünftige Chancen sogar besonders für mittelgroße Unternehmen.

Sicherlich sind die zahlreichen Prognosen, meist in amerikanischen Fachzeitschrif-ten veröffentlicht, mit Vorsicht zu genießen, da sie ohnehin jährlich revidiert werden. Trotzdem bietet das internationale Weltraumscenario genügend Anreize, Weltraum und Raumfahrt als feste Bestandteile in die strategische Unternehmens-planung zu integrieren.

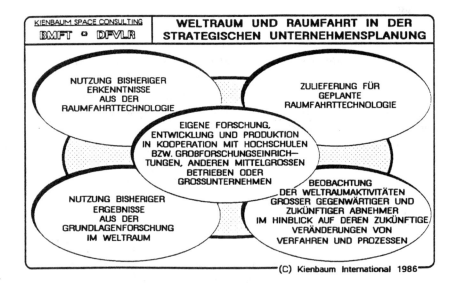

4. Industrielle Nutzenkategorien für die Rasterfahndung nach technologischen Marktinnovationen aus dem Weltraum

Für die Newcomer im Reigen der weltrauminteressierten Industrie ist es in besonderem Maße schwierig, direkte Anwendungspotentiale für das eigene Unternehmen zu sichten und für die Entscheidung über die Investition in ein Weltraumprojekt quantitative Erfolgsgrößen abzuschätzen. Hat der Innovator den irdischen Boden gedanklich einmal verlassen, kehrt er spätestens zum Zeitpunkt der Investitionsentscheidung auf die Erde zurück. Gerade hier gilt es, Ideenreichtum zu entwickeln und unternehmerische Chancen nicht an einer doch überwindbaren Barriere irdischer Denkmuster verenden zu lassen. Die Suche nach technologischen Innovationsmöglichkeiten im eigenen Unternehmen durch Ausnutzung der besonderen Umgebungsbedingungen des Weltraumlabors konzentriert sich auf alle maßgeblichen Veränderungen bestehender oder auf neue Technologien, die ein Weltraumprojekt hervorzubringen vermag und zu Wettbewerbsvorteilen auf den Absatzmärkten führen könnten. Unternehmensspezifisch läßt sich über die Disziplinen Verfahrenstechnik, Materialwissenschaften und -technologien, Chemie und Physikalische Chemie sowie Biowissenschaften/Pharmazie, in denen der Faktor Schwerkraft eine Rolle spielt, ein Fahndungsraster legen, das die möglichen industriellen Nutzenaspekte kategorisch beschreibt:

"Oben Erkenntnisse für unten gewinnen"

Erforschung von Vorgängen und Verfahren unter Mikrogravitation und *Ableitung* von Erkenntnissen zur Effizienz- oder Ergebnis- (Produkt-) Verbesserung *irdischer* Vorgänge und Verfahren (derivative Weltrauminnovation)

"Oben etwas tun, was nur oben möglich ist"

Anwendung von Verfahren und Herstellung von Produkten im All, die *nur* unter Mikrogravitation möglich sind

"Oben etwas wirtschaftlicher/besser tun als unten möglich"

Anwendung von Verfahren und Herstellung von Produkten im All, die unter Mikrogravitation *wirtschaftlicher* und/oder mit *qualitativ besserem Ergebnis* möglich sind als auf der Erde.

Darüber hinaus werden von weitsichtigen Unternehmen Opportunitätskosten ins Kalkül gezogen. Hierbei wird der Nutzenentgang prognostiziert, der dadurch entsteht, daß aufgrund der eigenen Passivität andere Unternehmen durch aktive Ausnutzung der Weltraumumgebung zu Wettbewerbsvorteilen auf internationalen Märkten gelangen, die eine größere Zukunft als die heutige Kommunikationstechnologie versprechen.

5. Beispiele bestehender Weltraumnutzung durch innovative Unternehmen

Wenn auch nicht immer auf den ersten Blick ein direkter Zusammenhang zwischen den spezifischen Umgebungsbedingungen des Weltraums und dem Umfeld des irdischen Tagesgeschäfts eines Unternehmens ersichtlich ist (Was kann ein Landmaschinenhersteller wie John Deere schon im Weltraum anfangen, außer den Mond umzupflügen?), so gibt es doch zahlreiche Innovatoren, die den Weltraum aktiv nutzen, um später auf irdischen Märkten Wettbewerbsvorteile daraus zu ziehen. Ob es um Materialien wie Einkristalle der Spitzenqualität für die zweite und dritte Halbleitergeneration auf der Basis von Gallium Arsenid und später Indium Phosphid für Hochleistungsrechner geht oder um hochwertiges Glas und andere Formen optischer Kristalle, dispersionsverstärkte Werkstoffe, Lagerlegierungen, feste Schmiermittel, Katalysatoren und superplastische Legierungen sowie um Produkte wie Magnete, elektrische Kontakte oder Kaltkathoden für Farbfernsehröhren und diverse andere Anwendungen, immer stehen Verfahren und Produkte für den zukünftigen Markt und die Wettbewerbsfähigkeit des Unternehmens im Vordergrund der Weltraumaktivitäten.

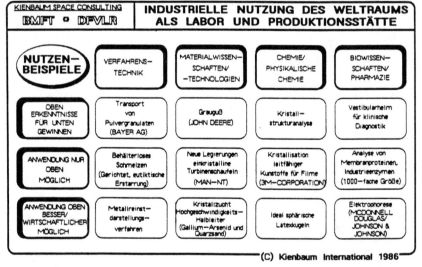

Am weitesten fortgeschritten sind die Forschungsarbeiten des amerikanischen Pharmakonzerns Johnson & Johnson in Zusammenarbeit mit dem Raumfahrtunternehmen McDonnell Douglas, das die in der Bundesrepublik erfundene und in den USA weiterentwickelte Elektrophorese-Apparatur zur Trennung von Proteinen und Pharmakaproduzierenden Zellen (z. B. Nierenzellen) zur Verfügung stellt. Mit Hilfe dieses Prozesses wird im Weltraum ein mehr als 700facher Durchsatz beim Trennen und eine 4- bis 5fach größere Reinheit des Ergebnisses erzielt. Johnson & Johnson nutzt dieses Verfahren, um in naher Zukunft im Weltraum konkurrenzlose Medikamente herzustellen.

MAN-Neue Technologien verfügt bereits über jahrzehntelange Raumfahrterfahrung und forscht im Weltraum nach neuen Legierungen für Turbinenschaufeln. Durch die Steigerung der Gefügequalität, die durch das behälterlose Schmelzen im Orbit und mittels der Stützhauttechnologie möglich ist, soll eine höhere Zeitstandfestigkeit der Materialien und eine höhere Einsatztemperatur möglich werden. Die Erhöhung der Betriebstemperatur einer Turbine um 100 °C würde eine Steigerung des Wirkungsgrades um 20 %, eine Gewichtsersparnis um 25 % und schließlich eine Treibstoffersparnis von 15 bis 40 % bewirken.

John Deere erforscht im Weltraum den auf der Erde ausgereizten Prozeß des Graugießens, da die Kosten für Grauguß 25 % vom wertmäßigen Umsatz des Landmaschinenherstellers ausmachen.

6. Bereitstehende und geplante Fluggelegenheiten, deren Missionsbedingungen und Kosten

Um die spezifischen Umgebungsbedingungen im Weltraum industriell zu nutzen, kann auf ein bestehendes, vielfältiges Angebot an Raumfahrtsystemen zurückgegriffen werden.

KIENBAUM SPACE CONSULTING — BMFT ° DFVLR

ANGEBOT AN FLUGGELEGENHEITEN MISSIONSBEDINGUNGEN UND KOSTEN

TRANSPORTSYSTEME	INSTALLIERBARE EXPERIMENT-SYSTEME	MÖGLICHE EXPERIMENT-MODULE	VERSUCHS-DAUER	VERSUCHS-ABLAUF BEEINFLUSSBAR	GRAVITATION (in g)	KOSTEN (in TDM)
Fallturm			5–10 Sek.			
Parabelflüge mit Flugzeugen		TEXUS	25–30 Sek.	nein	bis 10^{-3}	200
Ballonsonde (Mikroba)			60–70 Sek.			
Raketenflüge (Skylark 7)		TEXUS (TEM 1–6)	5–8 Min.		bis 10^{-5}	350
SPACE SHUTTLES (STS) -Columbia	19" RACKS					USD 700 pro kg
-Challenger	SPACELAB MIT 19" RACKS	DIVERSE MODULE	10 Tage	ja		1.800
-Discovery -Atlantis	SPACEHAB					
(-Hermes aus Ariane 5)					bis 10^{-6}	
SPAS (per STS)	GAS-CONTAINER	MAUS-CONTAINER		nein		450
EURECA (per STS)			Monate			5.000
SPACE STATION (COLUMBUS)			Permanent	ja		

(C) Kienbaum International 1986

Neben einem Fallturm, Parabelflügen per Flugzeug und Ballonsonden stehen zahlreiche Forschungs- und Nutzlastraketen sowie vier wiederverwendbare Raumtrans-
porter (Space Shuttles) für industrielle Buchungen zur Verfügung. Weitere Transportsysteme wie die Ariane 5 und deren spätere Auslegung als europäischer Raumglei-
ter "Hermes" sind geplant. Innerhalb dieser Transportsysteme sind zum Teil Träger
für Experimente (Spacelab, Spacehab, GAS-Container) untergebracht, die die eigentlichen Experimentmodule (Texus, Maus, 19" Racks) mitführen. Abgerundet wird das
Raumfahrtscenario durch bereits existierende und geplante freifliegende Plattformen
(SPAS, EURECA), die nach dem zeitweiligen Aussetzen im Weltraum wieder auf die
Erde zurückgeführt werden können sowie durch die geplante US-Raumstation mit
dem europäischen COLUMBUS-Modul, durch die eine kontinuierliche Produktion im
All überhaupt erst ermöglicht wird.

7. Marktvolumina von morgen im realen Planungshorizont der Industrie

Aus den bereits laufenden Weltraumaktivitäten, die in der Regel noch Grundlagen-
forschungscharakter tragen, wird nur in Ausnahmefällen während der nächsten
14 Jahre mit einem return on investment gerechnet, da das Gesetz der Erfahrungs-
kurve auch oder insbesondere im Weltraum gilt. Trotz der Schwierigkeit, in diesem
Zusammenhang Voraussagen zu treffen, wagen amerikanische Experten Prognosen
für die zu erwartenden jährlichen Marktvolumina aus Weltraumaktivitäten in den
USA ab dem Jahr 2000:

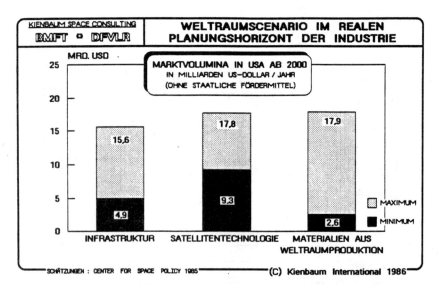

Selbst bei einer vorsichtigen Beurteilung dieser Prognosen ist der Trend zur verstärkten industriellen Betätigung im Weltraum nicht zu verkennen.

8. Risiken bei der Investition in Weltraumprojekte und Konsequenzen für privatwirt-
schaftliche Initiativen

Unternehmen wie John Deere, Johnson & Johnson, Bayer oder MAN haben
die Chancen einer industriellen Weltraumnutzung erkannt und Kapital in Weltraumaktivitäten investiert. Der Weltraum stellt für diese Firmen die Möglichkeit dar,
sich vorausschauend mit Lösungstechniken bzw. -technologien für zukünftige Anforderungen von Kunden zu befassen, die Produktlebenszykluskurve im eigenen Unternehmen positiv zu beeinflussen und gesetzte Marktanteile zu verfolgen.

Ausgangspunkt aller Überlegungen zur Initiierung eines industriellen Weltraumprojektes ist die Ideen(re)generierung im eigenen Unternehmen. Eine Auswertung der bereits geflogenen Experimente könnte dazu erste Anstöße liefern. Dabei muß der
mögliche kommerzielle Nutzen im Vordergrund des Suchprozesses stehen. Neben den
zu erforschenden Entwicklungen auf den Absatzmärkten sind vor allem zu
erwartende Substitutionsmöglichkeiten durch auf der Erde entwickelte Technologien
in die Projektentscheidung einzubeziehen. Ferner gilt es zu klären, welche
Weltraumvorprojekte erforderlich sind und wie sich diese in andere irdische Aktivitäten integrieren lassen. Zudem müssen mögliche Synergieeffekte aus den
Vorprojekten berücksichtigt werden, die bereits zu vermarktbaren Technologien
führen könnten. Schließlich sind die Vorprojekte in ein Weltraumprojekt zu
überführen, dessen besondere technische Voraussetzungen auch aus Sicherheitsgrün-
den im All zu erfüllen sind. Dabei sind Kooperations- bzw. Integrationsmöglichkei-
ten mit anderen Unternehmen und Forschungsinstituten bzw. in andere Weltraumaktivitäten denkbar. Eine systematische Technologie-Potential-Analyse im eigenen
Unternehmen sowie Kenntnisse der internationalen Weltraumaktivitäten sind zur
Prüfung der Möglichkeiten erforderlich. Hilfestellungen in den einzelnen Projektphasen können unterschiedliche Institutionen und Organisationen geben, die entsprechend sorgfältig ausgewählt werden sollten. Die Überprüfung des Angebots
an geeigneten Fluggelegenheiten und die Prognose über dessen zukünftige Entwicklung sind weitere Aufgaben, denen sich ein Unternehmen rechtzeitig zuwenden muß.
Ferner gilt es, vertragliche Regelungen, insbesondere im Zusammenhang mit geeigneten Schutzmöglichkeiten des Technologie-Transfers zu treffen. Den erwarteten

finanziellen Aufwendungen müssen unterschiedliche Finanzierungsformen und -quellen für die einzelnen Projektphasen gegenübergestellt werden. Außerdem sind die Fragen nach einer geeigneten Steuerung und Kontrolle des Weltraumprojektes zu klären. Nach Ermittlung der einzelnen Erwartungswerte hinsichtlich der Chancen und Risiken ist das in Erwägung gezogene Weltraumprojekt abschließend im Vergleich zu anderen Innovationsmöglichkeiten auf der Erde zu beurteilen.

Aus der von Kienbaum in Deutschland durchgeführten, auf einer Grundlage von 200 größeren Industrieunternehmen und 25 Multiplikatoren (z. B. Banken) basierenden Studie geht hervor, daß sich die auf Weltraumaktivitäten bezogenen Risikoerwartungen in den folgenden Faktoren zusammenfassen lassen:

* Technologische Risikoerwartung
* Institutionelle Risikoerwartung
* Marktrisikoerwartung.

Die Höhe der erwartbaren Risiken kann durch die Raumfahrtindustrie (Technologie), durch den Staat (Institutionen) oder Servicegesellschaften sowie durch die potentiellen Weltraumnutzer selbst beeinflußt werden. Eine gegenseitige Einflußnahme der Beteiligten in kooperativer ausgewogener Form ist außerdem möglich. Um die bestehenden Risiken zu mindern und um den Übergang von den bisher überwiegend staatlich beeinflußten Weltraumaktivitäten der Raumfahrt- und Nutzerindustrie zu mehr privatwirtschaftlicher Initiative zu verstärken, hat Kienbaum die Konzeption einer internationalen, privatwirtschaftlichen Trägerorganisation erstellt, die sich mit Fragen der Beratung und Vermittlung von Forschung, Entwicklung und kommerziellen Produktionsaufgaben im Weltraum und dem Vertrieb dazugehöriger Trägersysteme befassen soll. Bereits am 22. Oktober 1985 wurde die Konzeption realisiert, indem die Firma INTOSPACE GmbH mit Sitz in Hannover unter Beteiligung von Raumfahrtfirmen, Nutzerfirmen und Dienstleistungsunternehmen gegründet wurde.

Neben den 13 bereits beteiligten Unternehmen haben mehr als 10 weitere Firmen Absichtserklärungen zur Beteiligung an INTOSPACE abgegeben. Der Staat ist aus marktwirtschaftlichen Gründen nicht an der Gesellschaft beteiligt und beschränkt sich auf die Schaffung von Rahmenbedingungen sowie auf indirekte finanzielle Unterstützungen während der "start-up"-Phase. Da man durch die verstärkten Promotionsbemühungen in den letzten Jahren mittlerweile genügend Interesse an und konkrete Nachfrage nach Weltraumprojekten induziert sieht, dürfe diesen keine weitere Vorrangstellung vor irdischen Projekten zukommen, sondern müsse sich zunehmend Wettbewerb entfalten.

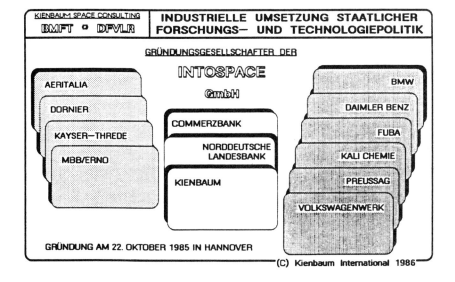

STEPHAN BIERI

Energiepolitik und struktureller Wandel

1. Einleitung

Es ist bekannt, daß die beiden Energiekrisen (Ölpreisschock) der 70er Jahre erhebliche volkswirtschaftliche Auswirkungen in den Industrienationen hatten. Die Bedeutung der Energiepolitik ist seither gewachsen, und es sind beileibe nicht nur ökologische Fragestellungen, die uns zum Nachdenken zwingen. Die echte oder
auch vermeintliche Verknappung einzelner Energieträger beeinflußt, auf verschiedenen Wegen, Struktur und Wachstum der Volkswirtschaften.

Zum einen besteht das Ziel meiner Ausführungen darin, ein paar grundlegende
Zusammenhänge zwischen Struktur und Wachstum aus energiepolitischer Sicht zu
beleuchten. Zum andern versuche ich, praktisch die *bewegenden Fragen* im Span-
nungsverhältnis "Energiepolitik und struktureller Wandel" zu lokalisieren. Dabei ist
mein Standort geprägt durch schweizerische Erfahrungen und ordnungspolitische
Überlegungen, die durchaus subjektiven Charakter haben.

Unter "Struktur" verstehe ich in der Folge die Relation der Teile eines Ganzen un-
tereinander. Struktureller Wandel, hier ökonomisch interpretiert, bezieht sich primär
auf die Veränderung der Zusammensetzung gesamtwirtschaftlicher Aggregate. Die
Renaissance mikroökonomischer, angebotsseitiger Argumentation und eine neue
Anlehnung an den Schumpeterschen Unternehmer haben indessen dazu geführt, daß
auch der betriebswirtschaftliche Unterbau dieses Wandels vermehrt gewürdigt wird.

2. Grundlegende Zusammenhänge

Die *wachstumspolitische Diskussion* der 50er und 60er Jahre hat meines Erachtens
im wesentlichen zweierlei ergeben:[1]

a) Wachstum ohne Strukturänderung ist logisch denkbar, aber kaum realistisch und
   politisch wohl auch nicht wünschbar.
b) Struktureller Wandel kann sowohl Ursache wie auch Folge wirtschaftlichen
   Wachstums sein.

Dies heißt, allgemeiner ausgedrückt, daß konjunkturelle und andere Schwankungen
in der Regel von strukturellem Wandel begleitet sind. Wir wissen, daß eine Politik

der Strukturerhaltung Rezessionen und Krisen vertieft. Trotzdem ist jenes neoklassische Gedankengut in der Praxis nicht ganz unumstritten, das von Haushalten und Unternehmungen eine rasche Reaktion auf veränderte Gegebenheiten (neue Bedürfnisse, veränderte Knappheitsrelationen der Produktionsfaktoren oder technischen Fortschritt) verlangt.

Die Energiepolitik steht heute mitten in dieser Auseinandersetzung. Einerseits hat sie *veränderte Beschaffungs- und Verteilkosten* weiterzugeben, andrerseits fordert man von ihr, entsprechend besonderer staatlicher Zielvorstellungen, eine lenkende *Einflußnahme auf Haushalte und Unternehmungen.* Man kann die Schwierigkeit auch brutaler formulieren: die knappen Energieressourcen sollten zwar volkswirtschaftlich effizient eingesetzt werden, aber über die Wirkungen, die von den Preisen der einzelnen Energieträger ausgehen (sollen), bestehen große wirtschafts- und gesellschaftspolitische Meinungsunterschiede. Drei wesentliche ordnungspolitische Voraussetzungen sind in diesem Zusammenhang, bei allen westlichen Industrienationen, zu beachten:

a) Die Preise der einzelnen Energieträger werden auf völlig unterschiedlichen Märkten gebildet.
b) Während beim Erdöl internationale und nationale Kartelle bestehen, gibt es bei der Elektrizität und beim Gas regionale Monopole (oder Quasimonopole) mit starken, aber unterschiedlich ausgeschöpften staatlichen Einflußmöglichkeiten (öffentliche und gemischtwirtschaftliche Unternehmungen).
c) Zwischen den einzelnen Energieträgern besteht teilweise eine harte Konkurrenz, die unmittelbar auf die Substitutionsbeziehung zurückzuführen ist, teilweise existiert aber auch eine Komplementarität (z. B. Elektrizität als Voraussetzung für den Betrieb fossiler Heizanlagen).

Die Auswirkungen veränderter Preise von Energieträgern können analytisch gleich wie Veränderungen im Faktorangebot (z. B. Boden, Kapital oder Arbeit) behandelt werden. Ungleichmäßige Vermehrung der Energieträger bzw. relative Preisdifferenzen bilden damit eine geradezu *klassische Ursache für strukturellen Wandel.* Die Beweisführung geht bekanntlich auf David Ricardo zurück: letztlich dominiert der knappste Produktionsfaktor. Eine Volkswirtschaft wächst, von technischem Fortschritt und "economies of scale" abgesehen, im Tempo dieses Engpaßfaktors.[2] Blicken wir in der Wirtschaftsgeschichte zurück, stellen wir unterschiedliche Verhältnisse und Erwartungen bezüglich des jeweils begrenzenden Faktors fest. Optimistische und pessimistische Szenarien unterschieden sich im wesentlichen dadurch, daß unterschiedliche Annahmen über den möglichen technischen Fortschritt und den in diesem Zusammenhang notwendigen strukturellen Wandel gemacht werden. Dies gilt für die Energie ebenso gut wie für den Boden oder neuerdings die Umwelt.

3. Die bewegenden Fragen

3.1 Der Ölpreis

Der "Ölpreisschock" hat marktmäßige und politische Folgen gezeigt. In den meisten westlichen Industrienationen führt der massive Anstieg des Erdölpreises, am Schluß einer langen Phase der Überhitzung, zuerst zum konjunkturellen Absturz und dann zu einer Vertiefung der Rezession. Mit Recht fragt man sich heute, was denn in den 70er Jahren tatsächlich geschehen sei. Die meisten Kommentatoren auf der Ökonomenseite sind sich darüber einig, daß der Ölpreisanstieg selber nicht primär ein Symptom des säkularen Erschöpfens einer nichterneuerbaren Ressource darstelle, sondern *konjunkturellen Charakter* besitze. Über lange Perioden aufgestaute Preiserhöhungen explodierten und bewirkten überhöhte Aufschläge. Die in der Zwischenzeit eingetretene Entspannung darf deshalb auch nicht einfach als grundlegende Trendumkehr angesehen werden. Immerhin, die Malthusianer sind wieder in die Defensive gedrängt. Die Entwicklung des Ölpreises über die Jahrtausendgrenze hinaus hängt nicht allein von den bekannten Reserven und neuen Prospektionen, sondern von folgenden *ökonomischen Gegebenheiten*[3] ab:

a) Produktezyklus im Bereich der Energieanwendung, insbesondere Kapitalstock,

b) internationale Marktordnung, z. B. Kartelldisziplin der OPEC,

c) stützende Inflation.

Wir verfügen heute über vielfältiges empirisches Material, das die konjunkturellen, energiewirtschaftlichen und strukturellen Vorgänge in den 70er Jahren beschreibt. Allerdings muß festgestellt werden, daß die *Mechanik* der drei interdependenten Bereiche "Konjunktur", "Energie" und "struktureller Wandel" noch keineswegs vollständig analytisch erschlossen ist. Zudem gibt es von Nation zu Nation große sektorale, institutionelle und politische Unterschiede. Die vom Ölpreisschock in einigen europäischen Staaten ausgelöste "holländische Krankheit" basiert auf spezifischen (hausgemachten) Voraussetzungen der Geldmengenpolitik, der Gewerkschaftsmacht und des Indexdenkens sowie des unternehmerischen Innovationsverhaltens. Wenn in der Schweiz zwischen 1973 und 1983 der gesamte Energieverbrauch der Industrie um über 20 % zurückgegangen ist, während gleichzeitig der industrielle Elektrizitätsverbrauch um rund 10 % zugenommen hat, überlagern sich offensichtlich *verschiedene Phänomene*. Neben offensichtlich konjunkturellen Erscheinungen, marktgerechten Substitutionsprozessen und neuen Investitionsanstrengungen müssen auch die parallel verlaufenden branchenmäßigen Verlagerungen beachtet werden. Veränderungen in den "terms of trade" und binnenwirtschaftliche Veränderungen bedingen sich dabei gegenseitig. Makroökonomisch können zusammenfassend folgende *Ursachen* des strukturellen Wandels erwähnt werden:[4]

a) Realeinkommenseffekte,

b) Angebotseffekte auf die reale Produktion, insbesondere Substitution,

c) Nachfrageeffekte auf die reale Produktion, insbesondere Verringerung der Investitionsneigung.

Die 70er Jahre sind zwar Geschichte, doch das Erdöl oder eine andere Ressource kann auch in Zukunft solch strukturellen Wandel auslösen.

3.2 Stoßen oder gestoßen werden?

Anfangs des 19. Jahrhunderts vertrat Jean Baptiste Say die pointierte Meinung, jedes Angebot schaffe sich seine Nachfrage. Die moderne Infrastrukturtheorie[5] hat dieses gesamtwirtschaftliche Phänomen aufgegriffen und an speziellen Fällen der Bildungs-, Verkehrs- und Energieinfrastruktur abgewandelt. Daraus ist die etwas sterile Frage abgeleitet worden, ob eine bestimmte Infrastrukturinvestition zukünftige Nachfrage antizipieren dürfe oder nicht. Dies hat einerseits zu einer Tabuisierung der *Bedarfseinschätzungen* geführt, was die energiepolitische Diskussion offensichtlich belastet. Andrerseits stellen wir immer mehr fest, daß der *Engpaßcharakter* einzelner Infrastruktureinrichtungen zur regional-, struktur- oder, generell, gesellschaftspolitischen Steuerung benützt wird.

Überall dort, wo die öffentliche Hand selber Anbieter ist, Vorinvestitionen erbringt oder Bewilligungen erteilt, besteht diese Gefahr. Aus ordnungspolitischer Sicht sind daher alle Strategien als ungünstig zu beurteilen, die im voraus das Angebot beschränken. Ein *angebotsseitiger Spielraum* ist desto wichtiger, je länger die Produktezyklen und je größer die exogenen Unsicherheitsfaktoren sind. Dies gilt insbesondere für elektrizitätswirtschaftliche Anlagen. Die Stoßrichtung einer "alternativen Energiepolitik" ist letztlich darauf ausgerichtet, angebotsseitige Zwänge zu schaffen und damit die in der Marktwirtschaft notwendige Flexibilität zu verringern. In einer Zeit des strukturellen Wandels erscheint es als besonders unsinnig, solche Tendenzen zu verfolgen.

Damit treten *Interdependenzfragen* in den Mittelpunkt des Interesses. Es gilt insbesondere zu beachten, daß im Energiebereich ausgelöste marktwirtschaftliche Prozesse auch in früheren Phasen wesentlichen Einfluß auf Wachstum und strukturellen

Wandel ausübten. Wir erinnern uns der Bedeutung, die Dampfmaschine, Elektromotor und Automobil auf die industrielle Entwicklung hatten; zwischen energietechnischer Innovation und Wettbewerb besteht offenbar ein unmittelbarer Zusammenhang. Ähnliches ist auch für die Entwicklung der Telekommunikation zu sagen, die ohne marktwirtschaftliches Klima nicht denkbar wäre. Neben der heute aktuellen Förderung alternativer Energien muß sich die *Branche* selbst in Zukunft vermehrt mit der Energieanwendung beschäftigen. Dies bedeutet u. a., daß über die traditionelle Energietechnik hinaus frontnah auf die Probleme der verschiedenen Konsumenten eingegangen werden muß. Dabei stellen sich, namentlich in der Elektrizitätswirtschaft, auch Fragen der vertikalen Integration.

Die unterschiedlichen institutionellen, organisatorischen und ertragsmäßigen Verhältnisse der verschiedenen Energieträger ergeben sich nicht nur aus technischen Gründen. Die heutige Arbeitsteilung ist vielmehr historisch gewachsen, und es ist durchaus zu erwägen, ob nicht ein *interner* Strukturwandel der Branche vorteilhaft wäre. Dies betrifft jedenfalls die Elektrizitätswirtschaft, könnten doch, ohne Verstoß gegen die in der Regel dezentrale Angebotsstruktur, zusätzliche Privatisierungsschritte bei den öffentlichen Versorgungsunternehmen durchgesetzt werden. Maßgebendes Element marktwirtschaftlicher Energiepolitik ist die Erhaltung und Förderung des Leistungswettbewerbs.[6]

Bei allen Vorzügen, die die staatlichen Energiekonzepte besitzen, wird mit der Bildung sogenannter "Szenarien" und durch die plakative Dreiheit von "Sparen", "Substituieren" und "Forschen" die *Lenkbarkeit* der Energiepolitik suggeriert.[7] Vorbehalte sind nicht nur bezüglich der praktischen Machbarkeit, sondern auch bezüglich der wirtschaftlichen Nebenwirkungen bestimmter Eingriffe anzubringen. Die Bedeutung von dezentraler Entscheidung und Konsumentensouveränität ist ja letztlich, daß das Risiko individualisiert bleibt. Ordnungspolitisch entscheidend ist also nicht einfach, daß gespart, substituiert oder geforscht wird, sondern daß Unternehmungen und Haushalte *marktkonform* handeln. Im Zweifelsfalle haben wir uns gegen staatliche Auflagen, Subventionen oder Spezialsteuern auszusprechen. Dabei wird das Vorgehen dort delikat, wo öffentliche   Anbieter, Externalitäten oder Marktunvollkommenheiten bestehen.[8]

3.3 Schlüsselenergie Elektrizität[9]

Nicht ganz die Hälfte der gesamthaft eingesetzten Primärenergie kann als Nutzenergie verwendet werden. Die Verluste, überwiegend in der Form von Wärme, entstehen bei der Umwandlung und beim Transport der verschiedenen Energieformen. Am schweizerischen *Endverbrauch* macht die Elektrizität rund 20 % aus, während feste und flüssige Brenn- und Treibstoffe sowie Erdgas fast 80 % betragen; der Anteil der Fernwärme liegt etwas über 1 %. Wenn wir die Verteilung der *Nutzenergie* ansehen, fällt der hohe Wärmeanteil von rund 77 % auf; hier liegt das eigentliche Sparpotential. Die mechanische Arbeit mit 21 % sowie Licht und Chemie mit 2 % fallen, insbesondere bezogen auf ihre wertschöpfende Funktion, recht wenig ins Gewicht. Die besondere wirtschaftliche Bedeutung der Elektrizität liegt in den *günstigen Möglichkeiten der Transformierung* und *flexiblen Abnahme.* Der nationale und der internationale Verbund garantieren eine hohe Versorgungssicherheit, und die ausgebauten Netze offerieren praktisch in allen Regionen moderner Staaten günstige Standortvoraussetzungen. Man muß Netzzusammenbrüche und ungenügende Erschließungen erlebt haben, um die historisch erkämpfte Position der Elektrizitätswirtschaft schätzen zu lernen.

Hinzu treten *volkswirtschaftliche Pluspunkte.* Die meisten Industrienationen tauschen, wie bereits kurz angedeutet, täglich mit ihren europäischen Partnerländern Strom aus. Auf das ganze Jahr gerechnet wird z. B. in der Schweiz mehr Strom exportiert als importiert, weil die Kapazitäten - letztlich wegen der Unmöglichkeit der Speicherung - auf die Spitzenbelastungen ausgelegt werden müssen.[10] Die Kombination von Kern-, Lauf- und Speicherkraftwerken wird im Verbund optimiert, was übrigens auch positive ökologische Folgen hat (z. B. Entlastung bei den Kohlekraftwerken). Es liegt in der Natur der Sache, daß Elektrizität im Falle der Schweiz die Zahlungsbilanz wesentlich günstiger beeinflußt als etwa Erdöl oder Erdgas; so steht ein größerer Teil der Wertschöpfung für andere Zwecke zur Verfügung. Hinzu kommt, daß die Elektrizitätswirtschaft besonders kapitalintensiv ist und, wie erwähnt, enge Verflechtungen zu "tragenden" Branchen besitzt. Schließlich darf wohl auch davon ausgegangen werden, daß Stromanwendungen in der Regel "intelligentere" Bereiche der Wirtschaft betreffen, die die inländische Wettbewerbsfähigkeit erhöhen.

4. Einige ordnungspolitische Schlußfolgerungen

Es wurde dargestellt, daß der Ölpreisschock der 70er Jahre primär konjunkturelle Ursachen hatte. Durch erhebliche makroökonomische Effekte beschleunigte sich der strukturelle Wandel. In den meisten Staaten zog die Energiepolitik in dieser Situation den richtigen Schluß, daß eine vermehrte Substitution vom Erdöl weg angestrebt werden müsse. Uneinigkeit bestand und besteht einerseits bezüglich der Zeitverhältnisse (Erschöpfung des Erdöls), andererseits bezüglich des einzuschlagenden Weges (Maß der staatlichen Interventionen). Heute stellen wir eine *Überlagerung* mit der ökologischen Fragestellung fest. Substituieren und Sparen werden nun aus Gründen des Umweltschutzes propagiert. Der auf den Behörden und Parlamenten lastende Erwartungsdruck führt dabei nicht selten zum Übersteuern, zu übertriebenen Interventionen. Es wird übersehen, daß sich marktwirtschaftliche Anpassungsprozesse, trotz einer teilweise falschen Interpretation des Ölpreisschocks und ungünstiger konjunktureller Bedingungen, sehr gut bewährt haben.[11]

Zentral ist in diesem Rahmen die Feststellung, daß nicht nur ein Minderverbrauch an fossilen Energieträgern (namentlich Erdöl) realisiert wurde, sondern daß die *Flexibilität* der energieanwendenden Wirtschaftseinheiten stark zunahm. Die "Tertialisierung" der Wirtschaft im allgemeinen und die rasche Entwicklung der Energieanwendungstechniken im besonderen haben die Bedeutung der Schlüsselenergie Elektrizität wesentlich erhöht. Damit bestehen für die staatliche Energiepolitik drei ordnungspolitische *Gefahren*, die bei aller Würdigung ökologischer Zielsetzungen nicht unterschätzt werden dürfen:

a) Je interventionistischer staatliche Energiepolitik ist, desto größer wird das strukturelle Risiko; hier wie andernorts kann staatliche Strukturgestaltung (von Spartechniken bis zur Innovationsförderung) in einer Sackgasse ausmünden.

b) Moderne Volkswirtschaften reagieren, vor allem wegen des hohen Stellenwertes von Regelung, Steuerung und Antriebstechnik, besonders empfindlich auf Angebotsbeschränkungen in der Elektrizitätsversorgung; das in Produktions- und Verteilanlagen investierte Infrastrukturkapital darf nicht aus einer kurzfristigen Optik vernachlässigt werden.

c) Die Erfahrungen der 70er Jahre bestätigen die ordnungspolitische Grunderkenntnis, daß Wirkungen nicht nur dort erzielt werden, wo ein direkter Eingriff erfolgt: die staatliche Energiepolitik sollte sich daher nicht auf Lenkungsmaßnahmen kaprizieren, wenn andere Mechanismen ebenso erfolgreich sind (z. B. Wettbewerbs-, Geld- oder Fiskalpolitik).

Anmerkungen

1 vgl. M. Neumann, Artikel "Wachstumspolitik", Handwörterbuch der Wirtschaftswissenschaft, 17./18. Lieferung, Stuttgart, New York, Tübingen, Göttingen und Zürich, S. 462ff.

2 J. Niehans, Strukturwandel als Wachstumsprobleme, in: F. Neumark (Hrsg.), Strukturwandlungen einer wachsenden Wirtschaft, Berlin 1964, S. 18ff.

3 vgl. insbesondere Nr. 1/Bd. 6 des "Energy Journals" (Boston 1985) mit den Beiträgen von E. W. Erickson, A. R. Tussing, S. F. Singer und M. A. Adelman zum Erdölpreis.

4 Dazu etwa G. Bombach, H.-J. Ramser und M. Timmermann, Der Keynesianismus V, Berlin, Heidelberg, New York und Tokyo 1984, S. 177ff.

5 R. L. Frey, Die Infrastruktur als Mittel der Regionalpolitik, Bern 1979. Die hier regionalpolitisch begründeten Aussagen lassen sich prinzipiell auch auf die Energiepolitik übertragen. Zur prognostischen Seite: G. Kirchgässner, Die Energienachfrage aus ingenieurwissenschaftlicher und ökonomischer Sicht, Antrittsvorlesung (hektographiert), Zürich 1984.

6 vgl. z. B. G. Knieps, Möglichkeiten des Wettbewerbs im schweizerischen Telekommunikationssektor, Schweizerische Zeitschrift für Volkswirtschaft und Statistik, 121. Jg., Bern 1985, S. 407ff.

7 In der Schweiz gilt dies für die "Gesamtenergiekonzeption", Hrsg. Eidg. Verkehrs- und Energiewirtschaftsdepartement, 3 Bde., Bern 1978. Die Verbindung zwichen Szenarien und Maßnahmenpaketen führt zu oft eingleisigen Interventionsversuchen, die marktliche Anpassungsprozesse außer Acht lassen.

8 R. L. Frey, C. H. Gysin, R. E. Leu und N. Schmassmann, Energie, Umweltschäden und Umweltschutz in der Schweiz, Grüsch 1985.

9 In grundlegender Hinsicht vgl. B. Stoy, Entkopplung des Wirtschaftswachstums vom Energiewachstum, Eine Energiestrategie für die Zukunft, in: Energieforum Schweiz (Hrsg.), Die Entkopplung des Wirtschaftswachstums vom Energiebedarf, Bern 1980, S. 1ff.

10 Es kann kein Zweifel darüber bestehen, daß der Tarifpolitik auf die Dauer eine bedeutende Führungspolitik zukommt. Wichtige Voraussetzungen dafür sind - noch bevor über Grenzkostentarifierung philosophiert wird - ein aussagekräftiges Rechnungswesen und eine aktuelle Abschreibungspolitik.

11 Heute gilt besonders, was H. K. Schneider, Mut zu marktwirtschaftlicher Energiepolitik, Köln 1977, gesagt hat.

BODO B. GEMPER

Initiative, marktorientierte Industriepolitik für gezielten Strukturwandel in der Europäischen Gemeinschaft*

Dieser Beitrag ist ein weiterer Anstoß, eine europäische Industriestrukturstrategie zu begründen. Der Verfasser plädiert für eine *marktorientierte* Konzeption einer EG-Industriepolitik, die Teil wirksamer Integrationspolitik wird und dazu beiträgt, den so dringend notwendigen Grundkonsens in der Wirtschaftspolitik der Gemeinschaft herzustellen. Das nicht auszuschließende Scheitern des Europäischen Einigungswerkes läßt sich nur abwenden, wenn die Mitgliedstaaten der EG sich einvernehmlich darauf verständigen, ihr nationales Wirtschaftspotential zu einer gemeinsamen am Weltmarkt wettbewerbsfähigen dynamischen Industriegroßmacht zu vereinigen.

1. Sich beschleunigender industrieller Strukturwandel

Die Bewahrung freiheitlicher Lebensform auf dem Niveau hochentwickelter technischer Zivilisation hängt existentiell von der Fähigkeit ab, die Berücksichtigung des *Strukturwandels als stärkste Aufgabe* unternehmerischen und wirtschaftspolitischen Führens zu begreifen, weil er "kein Ausnahme-, sondern ein Dauerzustand ..., also etwas Normales" ist.[1] Von entscheidender Bedeutung ist dabei, daß es der europäischen Industrie gelingt, den auf sie zukommenden Herausforderungen offensiv zu begegnen, indem sie den Verschiebungen der technischen, wirtschaftlichen und sozialen Koordinaten, die eine große Industriegemeinschaft charakterisieren, rechtzeitig Rechnung trägt. Die *offensive Strategie* der Industrie *in den USA und in Japan* hat weite Bereiche traditionell weltweit führender europäischer Industriebranchen in eine reaktive Position verwiesen, aus der sie sich nur schwer allein befreien können. In dieser prekären Lage, aus der nur die vereinte Kraft eines intakten Integrationswerkes heraushelfen könnte, befindet sich der Integrationsprozeß wieder in einer Krise.[2]

In der EG wird daher zunehmend die Frage diskutiert, inwieweit die Verfolgung einer industriepolitischen Konzeption der Europäischen Gemeinschaft den so dringend notwendigen, größeren Zusammenhalt verleihen könnte. Diese Kohäsion braucht die Europäische Wirtschaftsgemeinschaft (EWG), um vor ihren Hauptkonkurrenten an den Welthandelsmärkten als respektierter Partner, der internationale Maßstäbe setzt, auftreten zu können.

Diese schwierige Aufgabe muß die EG in einer Lage lösen, in der die Hindernisse auf dem Wege zur Festigung dieser Gemeinschaft nicht geringer, sondern sogar zahlreicher und zudem noch größer werden. Allerdings ist die politische und ökonomische Integration der Staaten Westeuropas in letzter Konsequenz ein Weg ohne Umkehr.[3] Revitalisierung der führenden Staaten in der EWG als Industriemacht im Weltmaßstab ist aber auch geboten, um einen wirtschaftlichen Wiederaufschwung zu erzielen, der vor allem das Problem der Arbeitslosigkeit durch einen beschäftigungsmobilisierenden Innovationsschub nachhaltig beseitigt.

Deshalb ist es verständlich, wenn die EG-Kommission versucht, wenigstens auf einem, und zwar dem für das Schicksal der europäischen Industriestaaten wichtigsten Problemfeld, nämlich der Industrie, bei ihren Mitgliedern für mehr Gemeinsamkeiten auf dem Wege zu einer Konzeption für eine vorausschauende *Industriestrategie* zu werben, die einen wirksamen *Orientierungsrahmen für größere Konvergenz* in der Gemeinschaft liefern könnte. Die Kommission ist daher bemüht, das Industriepotential Westeuropas in gemeinsamer Verantwortung als Basis für einen großen europäischen Binnenmarkt zu verstärken und eine wirksame europäische Gegenoffensive vorzubereiten. Zu diesem Zwecke müssen die Industriestaaten der EG ihre nationalen Industriepotentiale zu einer einheitlichen Industriestruktur zusammenführen, damit sie sich im internationalen Wettbewerb durch ihr gebündeltes industrielles und technisches Potential gemeinsamer Kreativität als *eine* Wirtschaftsmacht behaupten können.

Eine ganz wichtige Voraussetzung für eine Wiederbelebung der EG als Wirtschaftsgemeinschaft im Dienste der Förderung des Industrieprozesses ist die mehrheitlich respektierte Erkenntnis, daß die EG nicht als Agrar-, sondern primär nur als *Industriegemeinschaft* eine Zukunft hat. Die Einigung auf eine dynamische Industriestrukturstrategie ist dabei ein erfolgsentscheidender Schritt.

Die Verständigung auf eine *pragmatische* industriepolitische Strategie ist aber auch Grundlage für eine erfolgreiche Fortsetzung der Tätigkeit des Europäischen Rates für schnellere wirtschaftspolitische Konsensbildung im Ministerrat, für den Ausbau der Europäischen Politischen Zusammenarbeit (EPZ) und für die rasche Reaktivierung der politischen Kraft des Gedankens der Westeuropäischen Union (WEU) und ihrer Organe, insbesondere zur Stärkung des europäischen Einigungsprozesses mit dem Ziele einer *politischen Union*, für die Kooperation im *EWS* sowie für die Stärkung des öffentlichen Interesses an den *Direktwahlen* zum Europäischen Parlament.

Soll die EG unter der Last ihrer Probleme, mit denen sie konfrontiert wird, nicht zusammenbrechen, so plädierte der bisherige Präsident der EG-Kommission,

Gaston Thorn, daher für eine rasche Überwindung gerade der strukturellen Anpassungsschwierigkeiten durch Vollendung des EG-Binnenmarktes.[4] Diese Aufgabe sei zügig zu bewältigen. Denn die EG hat inzwischen nicht nur ihre *dritte Erweiterung* vollzogen, sondern sie sieht sich zudem *neuen Aufgaben* gegenüber, an die bei Unterzeichnung der Gründungsverträge die *Europäer der Ersten Stunde* wirklich noch nicht denken konnten. Die national zu einer großen Herausforderung sich kumulierenden allein technisch-wirtschaftlichen Probleme, die ihrem Wesen gemäß die Staatsgrenzen überschreiten, können nur in gemeinsamer Anstrengung bewältigt werden. Es sind dieses vor allem

- die Zukunft des Humankapitals in der dritten industriellen Revolution,
- die persistente Unterbeschäftigung,
- die Beherrschung des permanenten Strukturwandels: die damit verbundenen Risiken, aber auch die sich dabei öffnenden Chancen,
- die ethische Bewältigung des wissenschaftlichen Fortschritts,
- die sicherheitstechnische und soziale Meisterung des technischen Fortschritts und seiner Folgen für Natur und Umwelt,
- die langfristige Energieversorgung,
- die internationale Arbeitsteilung zwischen miteinander konkurrierenden mächtigen Wirtschaftsregionen bei fairer Einbindung der Entwicklungsländer in den Prozeß des technischen und sozialen Wandels sowie
- die Gewährleistung der Einhaltung der Spielregeln der Marktwirtschaft und des Freihandels.

Es ist daher höchste Zeit, daß das Versprechen der Gründungsväter dieses Europäischen Integrationswerkes, die eine Verpflichtung für eine gemeinsame europäische Zukunft eingegangen sind, nunmehr eingelöst wird, von dieser Generation, die den Segen vertrauensbildender Integration für den Frieden, für die persönliche Freiheit und für die innovative Kraft grenzüberschreitender technisch-wirtschaftlicher Beziehungen beispielhaft selbst erfährt und diese Positiva bereits als Selbstverständlichkeit empfindet.

Der Einigungsprozeß vermag nur in gemeinsamer Anstrengung vollendet zu werden. Diese Aufgabenstellung begründet die "Notwendigkeit zu einer Industriepolitik", für die die EG-Kommission nachhaltig plädiert.[5] Voraussetzung dafür ist die Schaffung einer "gemeinsamen Dimension der europäischen Industriestruktur", damit sich die Wirtschaft Westeuropas zu einer konkurrenzfähigen Gemeinschaft in der Weltwirtschaft entfalten kann, in der das Gegeneinander der Mitglieder nicht länger "über das Miteinander gestellt wird".[6] Hierbei ist die Industriewirtschaft "ein höchst wichtiger Faktor", weil die Beherrschung des technologischen

Fortschritts sowie der internationalen Arbeitsteilung "die beiden Schlüssel (sind),
mit denen man hoffen kann, die Entwicklung des europäischen Produktionssystems
in den Dienst der Ziele der Bevölkerung und der tatsächlichen Bedürfnisse der
Mitgliedsländer zu stellen".[7]

Eng verbunden mit der Vorstellung, die EWG zu einer international wettbewerbsfähigen *Industriegemeinschaft* zu entwickeln, ist der Wunsch, die Westeuropäer
neben intensiverer industrieller gleichzeitig zu engerer technischer Zusammenarbeit anzuspornen, das heißt, die EG zu einer *Technologiegemeinschaft* heranreifen
zu lassen. Die Erwartungen, die in eine erfolgreiche europäische Industrie- und
Technologiepolitik gesetzt werden, entspringen dem Wunsche nach Erhaltung, mehr
aber noch nach Verbesserung der internationalen Wettbewerbsfähigkeit der Unternehmen und der Volkswirtschaften Westeuropas. Derartige Überlegungen sind allerdings nicht neu, ihre Umsetzung in praktische Politik war aber noch nie so dringend wie heute. Die sich in dieser Hinsicht stellenden ordnungspolitischen Fragen
sollten jedoch nicht zu leicht genommen werden.[8]
Die Industriepolitik wird als spezielle Wirtschaftspolitik verstanden, die - entweder
mehr sektoriell oder mehr funktionsbereichstypisch ausgeprägt sein kann, der man
aber voreilig unterstellt, daß sie, wie die allgemeine Wirtschaftspolitik, die vorgege-
benen politischen Ziele nur durch staatliche Eingriffe erreichen kann. Diese Annah-
me ist aber nicht zwingend. Gefragt ist für die marktwirtschaftlich verfaßten
Industriestaaten de facto eine Konzeption, die den Argumenten der Befürworter
wie denen der Gegner einer Industriepolitik Rechnung trägt, indem sie diejenigen
Ansätze der EG-Kommission, die auf eine marktwirtschaftliche Lösung zielen,
aufgreift. Denn "die Ablehnung strukturdirigistischer Vorstellungen bedeutet keine
Absage an Industriepolitik schlechthin".[9] Dementsprechend sollte die Diskussion
nicht einseitig unter dem Aspekt dirigistischer Interpretation erfolgen. Vielmehr
sollte Industriepolitik als Instrument gezielter, am Markt orientierter, Beherrschung
des Wandels begriffen werden.
Wenn auf EG-Ebene von Industriepolitik die Rede ist, so entbehrt sie noch einer
gemeinschaftlichen Konzeption, ja, es gibt noch nicht einmal eine verbindliche
Definition. Wie auf zahlreichen anderen Feldern europäischer Integrationsbestre-
bungen erscheint auch die Debatte um eine europäische Industriepolitik bisher noch
eher als Ausdruck einer *Europhorie*, mithin als Wunschvorstellung, die über kurz oder
lang wie eine Seifenblase wieder dem Blickfeld entschwindet, denn als Ergebnis
wohldurchdachter Schrittfolgen auf einem klar vorgezeichneten Wege zu einem
gemeinsamen Ziele. Allerdings werden in einer Stellungnahme des Wirtschafts-

und Sozialausschusses der Europäischen Gemeinschaften aus dem Jahre 1981 unter Industriepolitik als deren besondere Merkmale "Anpassung, Innovation, Öffnung nach außen und Wahrung der Gemeinschaftsinteressen" sachgerecht hervorgehoben und folgerichtig "alle Maßnahmen, die zur Entwicklung der Wirtschaftstätigkeit beitragen", verstanden.[10]

2. Wiederholter Anlauf zu einer Industriepolitik für die EG

Den von *Herbert Giersch* und EG-Industriekommissar *Karl-Heinz Narjes* diagnostizierten Prozeß fortschreitender *Eurosklerose* vermag nur eine offensive Industriestrategie zu stoppen. Weil eine derartige industriewirtschaftliche Perspektive bislang fehlt, ist es nicht verwunderlich, daß die EG offiziell auch noch keine Industriepolitik für die Gemeinschaft betreiben kann. Die Konzeption für eine europäische Industriepolitik, vergleichbar der Agrar-, Verkehrs- oder Handelspolitik, ist im Vertrag der Gründung der EWG vom 25. 3. 1957 nicht einmal im Ansatz vorgesehen. Lediglich die Verträge über die Gründung der Europäischen Gemeinschaft für Kohle und Stahl vom 18. 4. 1951 und über die Gründung der Europäischen Atomgemeinschaft vom 25. 3. 1957 räumen der Gemeinschaft begrenzt Befugnisse auf Teilbereichen der gewerblichen Wirtschaft, insbesondere der Kohle-, Stahl- und Werftindustrie ein. Allenfalls könnte Artikel 235 des EWG-Vertrages die Rechtsgrundlage einer Industriepolitik für die EG bieten, der den Erlaß weiterer Vorschriften ins Auge faßt: "Erscheint ein Tätigwerden der Gemeinschaft erforderlich, um im Rahmen des Gemeinsamen Marktes eines ihrer Ziele zu verwirklichen, und sind in diesem Vertrag die hierfür erforderlichen Befugnisse nicht vorgesehen, so erläßt der Rat einstimmig auf Vorschlag der Kommission und nach Anhören der Versammlung die geeigneten Vorschriften".

Ungeachtet wiederholt erhobener Forderungen, für die Gemeinschaft auch eine Industriepolitik zu schaffen, sind die bisherigen Vorstöße in dieser Richtung schon im Ansatz bei der Ausarbeitung eines Konzeptes steckengeblieben. Es fehlte nicht nur der Wille, sich einvernehmlich auf eine gemeinsame Definition zu verständigen. Auch mangelte es an Mut, sich auf eine offensive Industriestrategie für die EG zu einigen. Dem stand *ordoliberale Schwellenangst* oder die konkrete Furcht im Wege, industriepolitische Instrumente könnten auch mißbräuchlich, als Waffe gegen die freiheitliche Wirtschaftsordnung gerichtet, verwendet werden. Solange es sich bei den Vorschlägen um Ansätze zu industriepolitischem

Interventionismus in der Gemeinschaft und zu bloßer Konservierung überalterter Industriestrukturen handelte, waren und sind die Bedenken vor allem seitens der Deutschen Bundesregierung berechtigt. "Manche Regierungen konnten sich aber auch deswegen mit diesen Ideen nicht befreunden, weil sie der Gemeinschaft keine zusätzlichen Befugnisse übertragen wollten".[11]

Ein im Jahre 1970 von der EG-Kommission dem Europäischen Rat unterbreiteter Entwurf für eine "Industriepolitik der Gemeinschaft" konnte politisch nicht in die Praxis umgesetzt werden. Die in dieses "Colonna-Memorandum" gesetzten Erwartungen, "einen nützlichen Beitrag zur Stärkung der Gemeinschaft und damit auch zur Vorbereitung einer Erweiterung zu leisten",[12] das heißt, ihr gleichzeitig einen neuen Inhalt zu geben, erfüllten sich nicht. Das Mitglied der Kommission, *Guido Colonna di Paliano,* hatte bereits ein Jahr zuvor zu den Problemen und Aussichten notwendiger Industriepolitik Stellung genommen und darüber Klage geführt, daß durch die Verfälschung der Wettbewerbsbedingungen durch einzelstaatliche Reglementierungen gerade denjenigen Industriezweigen, die im Wachstum und für die Zukunft von Bedeutung sind, ein großer Teil der Mittel entzogen wird, die sie benötigen, um sich aus eigener Kraft an die zunehmend rascher verlaufenden strukturellen Veränderungen anzupassen.[13] Er hob nachdrücklich hervor, daß die Zukunft Europas in weitem Maße davon abhängt, "ob für diese Fragen gültige und zeitgerechte Lösungen gefunden werden".[14] *Colonna di Paliano* erkannte in einer Überbrückung der *Kluft zwischen Markt und Strukturen* sowie in einer Stärkung der Fähigkeit der europäischen Industrie, sich den immer schneller verändernden Bedingungen als Folge des sich *beschleunigenden technischen Fortschritts* anzupassen, schon frühzeitig die vorrangigen Aufgaben einer Industriepolitik für die Gemeinschaft.[15] Die EG-Kommission war sich auch bewußt, daß, gemessen an den Erfordernissen, am Weltmarkt bestehen zu können, "eine nationale Industrie selbst mit monopolistischen Zügen ... zwangsläufig Gefahr liefe, unter den Mindestgrenzen für Größe und Finanzkraft zu bleiben, die für eine Produktion zu Wettbewerbskosten unerläßlich sind".[16] Das Risiko sei nicht von der Hand zu weisen, daß dann sogar "die eigenständige Entwicklung der technischen Industrie Europas in Frage gestellt" werden könnte[17] und Westeuropa letztlich auf traditionellen Industrien sitzen bleibe, die dann nur noch mit Entwicklungsländern im Wettbewerb stünden.[18] Diese von *Colonna* bereits vor 15 Jahren befürchtete Entwicklung ist nicht unberechtigt gewesen, wie man augenblicklich leider feststellen muß.

Ebensowenig wie dieses *Colonna-Memorandum* wurden die guten Vorsätze erfüllt, zu denen sich die Staats- und Regierungschefs der Mitgliedsländer

der erweiterten Gemeinschaft auf dem Pariser Gipfel im Jahre 1972 u. a. bekannt
hatten:

- eine gleiche industrielle Grundlage für die Gemeinschaft anzustreben,
- engere Abstimmung der Wirtschaftspolitiken der Gemeinschaft zu erreichen,
- Koordinierung der Regionalpolitik der Mitgliedsländer zu bewirken mit dem Ziele,
  regionale Unausgewogenheiten zu korrigieren, "insbesondere solche,
  die sich aus überwiegend landwirtschaftlicher Struktur, industriellen Wandlungen
  und struktureller Unterbeschäftigung ergeben"[19] sowie
- konkurrierende Unternehmen im Bereich der fortgeschrittenen Technologie im
  europäischen Maßstab zu fördern und dabei "die Umwandlung und Umstellung in
  Krise befindlicher Industriezweige unter angemessenen sozialen Bedingungen" zu
  unterstützen.[20]

In ihrem Bemühen um die Festlegung qualitativer Ziele der industriellen Entwicklung hatte die EG-Kommission bereits 1972 ihr zweites Memorandum über eine
Industriepolitik für die Gemeinschaft herausgegeben und im April des gleichen
Jahres auf Anregung von *Altiero Spinelli* zu einer Konferenz über "Industrie und
Gesellschaft der Gemeinschaft" nach Venedig eingeladen. Dort sollte darüber nachgedacht werden, wie

- denjenigen Industrien Rückhalt geboten werden könnte, die auf internationale
  Konkurrenz besonders empfindlich reagieren, indem ihnen rechtzeitig Anpassungshilfe gewährt oder eine zügige Stillegung erleichtert wird;
- einzelstaatliche Förderungsmaßnahmen so koordiniert werden, daß sie nicht zu
  einer Wettbewerbsverzerrung innerhalb des Gemeinsamen Marktes führen;
- erreicht werden kann, daß die Abstimmung der Wirtschaftspolitik der Mitgliedsstaaten verbessert wird, in dem Maße, wie die gegenseitige Abhängigkeit
  ihrer Volkswirtschaften voneinander zunimmt und nicht zuletzt
- erreicht werden kann, daß die Gemeinschaft wegen der zu geringen Befugnisse
  der Kommission nicht größeren Schaden leidet.

Die Staats- und Regierungschefs hatten der Kommission insofern sogar ein
industriepolitisches Mandat übertragen, als sie beschlossen, ihr den konkreten Auftrag zur Formulierung eines industriepolitischen Programms für die Gemeinschaft
zu erteilen. Dabei ließen sie sich von der Grundkonzeption der Marktwirtschaft
und dem Freihandelsprinzip leiten, die das Programm prägen sollten.
Die Kommission legte dem "Europäischen Rat" bereits am 7. 5. 1973 ein "Programm
für eine Industrie- und Technologiepolitik"[21] sowie am 24. 10. des gleichen Jahres
den Entwurf für ein "Aktionsprogramm auf dem Gebiet der Industrie- und Technologiepolitik"[22] vor, das bis zum 1. 11. zu erstellen, der Ministerrat die Kommission
am 20. 9. 1973 aufgefordert hatte. Die Kommissare beklagen darin ausdrücklich,
daß "auf Entscheidungsebene nur sehr wenig Fortschritte gemacht worden" seien.[23]

Das sei um so bedauerlicher, als eine marktorientierte Industriepolitik der
EG,

- die ihre Ziele mit denen der Regional- und Sozialpolitik in Übereinstimmung
bringen würde, beschäftigungsfreundlich wäre (Schaffung neuer Arbeitsplätze
in Regionen starken Strukturwandels, Förderung der Mobilität etc.), also weitgehend zur Erreichung der großen wirtschaftlichen und sozialen Ziele beitragen
würde und, sofern sie

- bei der Politik der Öffnung der Märkte die erforderliche Anpassung und Stärkung
der Industriestruktur der Gemeinschaft gezielt betreibe, dem notwendigen engen
Zusammenhang zwischen Industrie- und Handelspolitik der Gemeinschaft Rechnung trüge.

Wenngleich nicht ausdrücklich industriepolitisch orientiert, sind die Berichte zweier
unabhängiger Arbeitsgruppen über "Wirtschaftliche und gesellschaftliche Konzeptionen in der Gemeinschaft" aus dem Jahre 1979 unter dem Vorsitz von *Jacques
Delors* erstellt[24] sowie zur "Strukturpolitik in der Gemeinschaft: Staatliche Interventionen oder Strukturanpassung" aus dem Jahre 1981 unter dem Vorsitz von
Robert Maldague[25] erarbeitet, zur Lektüre empfohlen. Hier wird nicht nur auf die
schon traditionelle Kontroverse in der EG zwischen Plan- und Marktwirtschaft,
sondern auch auf die Bedingungen für eine "positive Strukturpolitik" hingewiesen.

Die EG-Kommission hat erneut 1980 und 1981[26] auf die Risiken aufmerksam gemacht, die das Fehlen einer industriepolitischen Konzeption für die Europäische
Wirtschaftsgemeinschaft in sich berge. Abgesehen von einer Verzettelung politischer Kräfte und Verschwendung finanzieller Ressourcen verzichte die Gemeinschaft geradezu auf die Chance zur Belebung des Innovationsprozesses und
damit auf die Vorteile, die die europäische Wirtschaft als geeintes Industriepotential allein schon aus den technologischen "spin-offs" ziehen könnte.[27] In einer
von sämtlichen Dienststellen der EG-Kommission autorisierten Dokumentation, von
Pierre Maillet 1983 verfaßt, weisen die Europäischen Gemeinschaften daher ausdrücklich auf die Trümpfe hin, die die Gemeinschaft in der Hand hielte und wie sie
diese am besten ausspielen sollten.

Diese Trümpfe der Gemeinschaft seien "Größenvorteile, die Möglichkeit, große
Projekte in Gang zu setzen, internationale Strategien" zu nutzen. Die positive
Antwort laute daher, "Ausarbeitung und Verwirklichung einer industriellen Strategie
in einem echten europäischen Industrieraum".[28]

Maillet unterstreicht, daß "selbst ein vom Technischen her noch so gut ausgearbei-
teter Maßnahmenkatalog ... erst dann eine Industrie- oder Strukturpolitik" dar-
stellt, "wenn diese Maßnahmen in Verfolgung eines oder mehrerer gemeinsamer
Ziele einen inneren Zusammenhang haben und aufeinander aufbauen".[29] Dieses
Ziel ist jedoch nur mit Hilfe einer EG-weit harmonisierten Wirtschaftspolitik er-

reichbar, deren Kernstück eine marktorientierte Industriepolitik ist, welche wiederum auf einer konsistenten Industriestrukturstrategie der EG aufbaut. Dann erst wird es möglich sein, die Vorteile einer wirtschaftlich so wichtigen europäischen Dimension eines integrierten Industrieraumes der Gemeinschft zu nutzen, die es erlaubt, der Industrie die im größten multinationalen Binnenmarkt mit 320 Millionen Bürgern liegenden Entfaltungschancen zu erschließen. Den europäischen Unternehmen wird es dann möglich,

- Kostengewinne zu machen,

- größere wirtschaftliche Risiken einzugehen,

- im technologischen Wettlauf Zeit zu gewinnen und

- im internationalen Wettbewerb von der ökonomischen Stärke eines vereinten Industriepotentials zu profitieren.

Inzwischen wird in Brüssel die in manchen Ohren als Reizwort empfundene "Industriepolitik" viel seltener verwendet. Stattdessen ist nun von der Möglichkeit eines *industriepolitischen Leitbildes* und von umfassenden Aktionen zur Neubelebung der Gemeinschaft die Rede. Die Erklärung des Europäischen Rates, in Stuttgart am 18. 6. 1983 verabschiedet, bringt die Entschlossenheit zum Ausdruck, "die Maßnahmen der Gemeinschaft im Bereiche der Forschung, der Innovation und der neuen Technologien im Hinblick auf eine Zusammenarbeit zwischen Unternehmen weiterzuentwickeln und effizienter zu gestalten".[30] Als beispielhafte Aktion "zur Verbesserung der internationalen Wettbewerbsfähigkeit der Unternehmen" wird das ESPRIT-Programm genannt.[31]

Dieses European Strategic Programme for Research and Development in Information and Technology umfaßt *fünf Schlüsselbereiche* für:

- fortgeschrittene Mikroelektronik,

- fortgeschrittene Informationsverarbeitung,

- Software-Technologie,

- Büroautomaten sowie

- computerintegrierte Fertigung.

Die Konzeption dieses Programmes wurde nach eingehenden Konsultationen mit der Industrie, den Hochschulen sowie den nationalen Verwaltungen, von der EG-Kommission und zwölf führenden europäischen Unternehmen der Informationstechnologie gemeinsam ausgearbeitet. ESPRIT verfolgt das Ziel, der westeuropäischen Industrie zu der erforderlichen neuen technologischen Grundlage zu verhelfen. Die EG-Kommission ist bemüht, eine gemeinsame Technologiestrategie für die EG zu entwickeln, damit aus der Europäischen Wirtschaftsgemeinschaft schließlich eine

Europäische Technologiegemeinschaft wird. In diesem Lichte sind auch die neuer-
lichen Anstrengungen in Brüssel zu sehen, die um EUREKA, den Aufbau der European Research Coordination Agency, kreisen.[32]

In ihrem Rahmenprogramm für 1984 konzentriert sich die Kommission auf drei zu
lösende Kernfragen:[33]

- die Verbesserung der wirtschaftlichen und sozialen Rahmenbedingungen,
- den Ausbau eines europäischen Binnenmarktes und
- die Wiederherstellung der industriellen Macht Europas, vor allem in den Spitzentechnologien, die vor dem Hintergrund der Herausforderungen, denen sich Westeuropa konfrontiert sieht, nur in einer innergemeinschaftlichen Dimension sachgerecht beantwortet werden können.

Die Kommission arbeitet mit Nachdruck am "Wiederaufbau der Industriemacht"[34]
und plädiert für "aktive Wettbewerbspolitik zur Beschleunigung der industriellen
Anpassung", um die "Wiederherstellung der Gemeinschaftsindustrie" zu fördern. Die
Kommission wirbt für "gemeinsame Strategien", unter denen neben der Forschungs-
und Energiestrategie die baldige Einigung auf eine "Industriestrategie" an
erster Stelle genannt wird.[35]

3. Initiativ die Zukunft sichern!

Da die vorhandenen nationalen Industriestrukturen traditionell gewachsen sind und
diese sich innerhalb der EG in vielen Bereichen zudem aus vorwiegend beschäftigungspolitischen Rücksichtnahmen zur Anspruchsmentalität entartenden nationalen
Anspruchshaltung zu verfestigen drohen, kann das Ziel der Herausbildung einer
einheitlichen westeuropäischen Industriestruktur nur in einzelnen, dafür aber ziel-
strebigen Schritten, erreicht werden. Deshalb ist es höchste Zeit, diesen Prozeß
industrieller Neuorientierung als Folge der Änderungen der weltwirtschaftlichen
Rahmenbedingungen unverzüglich einzuleiten und sich dabei neben diesen
konzeptionellen auch auf exekutive industriepolitische Aufgaben zu konzentrieren.
Die in dieser Hinsicht erteilte Empfehlung für eine "Reorientierung an den
Regeln eines gemeinsamen Marktes, besonders seiner zentralen Elemente der
Wanderungsfreiheit und der Freizügigkeit, und die Kontrolle der Einhaltung der
Regeln",[36] ist in der Tat eine notwendige Bedingung dafür, daß sich die EG zu
einer kontinentumspannenden Wirtschafts- und Technologiegemeinschaft entfal-
ten kann. Eine EG-Industriepolitik, die einer freien, am Weltmarkt orientierten
Wirtschaftsgemeinschaft Wege in die Zukunft ebnet, muß hinzukommen. Sie
sollte auf einem umfassenden dynamischen Konzept basieren, das zum einen

rechtliche Rahmenbedingungen zur Stärkung der Wettbewerbsfähigkeit der Industrie der Europäischen Gemeinschaft[37] setzt und zum anderen wirkungsvolle industriepolitische Hilfestellungen temporärer Natur zur gezielten Beschleunigung der Strukturveränderungen vorsieht. Zu diesen rechtlich fixierten Rahmendaten, die die EG-Kommission zum Teil schon selbst als unabdingbare Voraussetzung für eine Realpolitik zur Schaffung gemeinsamer industrieller Grundlagen für Westeuropa genannt hat,[38] gehören vor allem:

- Maßnahmen zur Beseitigung und anschließenden Verhinderung nichttarifärer und und technischer Handelshemmnisse,

- Richtlinien zur schrittweisen Öffnung der Märkte für Ausschreibung und Vergabe öffentlicher und halböffentlicher Aufträge und zur Durchsetzung der Erhaltung einheitlicher europäischer Submissionsbestimmungen seitens der öffentlichen Auftraggeber,

- Abbau und schließlich Beseitigung steuerrechtlicher Hindernisse, die das unternehmerische Kalkül im europäischen Maßstab erschweren,

- Beseitigung rechtlicher Barrieren, die der Bildung europäischer Unternehmen und von überstaatlichen Zusammenschlüssen von Industrieunternehmen von europäischer Dimension im Wege stehen,

- Förderung der Motivation zu unternehmerischen Initiativen auf dem Gebiete der Spitzentechnologien, insbesondere im innovationsträchtigen Bereich der Mittel- und Kleinbetriebe,

- Regeln, die verbindlich die Subventionierung unrentabler Unternehmen im nationalen Rahmen untersagen und Verstöße dagegen durch wirksame Sanktionen ahnden,

- Grundsätze für Rahmentarifverträge und Empfehlungen für die Gestaltung der Arbeits- und Sozialbeziehungen zwischen den Sozialpartnern in der Gemeinschaft sowie

- Mindeststandards für die Aus- und Weiterbildung von Fachkräften in zukunftsorientierten Berufen.

Da *Technologie- und Industriepolitik* zentrale Pfeiler einer vorausschauenden Integrationspolitik der EG sind, die zugleich über das Schicksal der internationalen Position des westeuropäischen Industriepotentials entscheiden, muß die Gemeinschaft bald den *qualitativen Sprung* zu einem echten gemeinsamen Binnenmarkt vollziehen. Der Präsident der Bundesrepublik Deutschland, *Richard von Weizsäcker*, hat bei seinem ersten Staatsbesuch in Frankreich mit vollem Recht erklärt, daß wir Europäer bisher ernste Probleme stets mit politischer Originalität und mit Willenskraft gelöst haben und wir diese Fähigkeit aufs neue beweisen müssen, damit sich das Schicksal wieder für uns entscheidet. "Tun wir es nicht, wird Europa im weltweiten Wettbewerb den Anschluß verlieren. Seine führende Position in der Vergangenheit sichert nicht seine Zukunft".[39]

Die bis zum Jahre 1992 angestrebte Vollendung des einheitlichen Binnenmarktes der EG bedarf der Absicherung durch eine Konzeption für eine flexible europäische Industriestruktur, die auf weitere Sicht einen *gesamteuropäischen Gestaltunsgrahmen* annehmen sollte. Gemeint ist hierbei eine Orientierung, die über das Gemeinschaftswerk der westeuropäischen Integration hinausgehend, auch eine Öffnung dieses Wirtschaftsgroßraumes nach Osten hin gestattet. Eine gesamteuropäische Lösung würde den Wirtschaftsbürgern in allen Staaten Europas trotz gegensätzlicher staats- und wirtschaftsordnungspolitischer Grundpositionen, die die Volkswirtschaften der EG bzw. des COMECON kennzeichnen, neuen Handlungsspielraum bieten, der eines nicht allzu fernen Tages die Grenzen vielleicht auch von Ost- nach Westeuropa durchlässiger machen könnte.

Anmerkungen

* Ergänzte Fassung des einführenden Kapitels meines Vortragsmanuskriptes "Structural Industrial Policy within the Concept of Co-Integration in Europe" auf der Tagung "Industrial Policy in the EEC and the COMECON" im Mai 1986 im EG-Forschungszentrum der Universität Danzig. Diese Veranstaltung mußte auf Grund der radioaktiven Kontamination Danzigs als Folge der Reaktorkatastrophe im sowjetrussischen Kernkraftwerk Tschernobyl abgesagt werden.

1 Alfred Herrhausen: Strukturwandel und die Banken. Vortrag vor Wirtschaftsjunioren am 30. November 1983 in Duisburg. In: Deutsche Bank, Dokumentation Aufsätze, Interviews, Reden, Frankfurt (Main) 1983, S. 17.

2 Cf. Bodo B. Gemper: Die europäische Gemeinschaft in der Krise. Die Wirtschaftsbeziehungen der Bundesrepublik Deutschland und der Schweiz als Paradigma für die Gestaltung des Atlantischen Bündnisses. In: Die Neue Ordnung in Kirche, Staat, Gesellschaft, Kultur, 36. Jg., Heft 1, Paderborn 1982, S. 4.

3 Cf. meine Beiträge: Die politisch-ökonomische Lage des westeuropäischen Einigungswerkes. Ein Weg ohne Umkehr. In: Die Neue Ordnung, H. 2, (Paderborn) 1975, S. 88-97 sowie Has the EEC reached the Point of No Return? In: Inter-Economics, Nr. 5/6 (Hamburg) 1977, S. 138-143.

4 Gaston Thorn: Worüber die Gemeinschaft sich klar werden muß. In: EG-Magazin, 4/1984, S. 11.

5 Pierre Maillet: Die Industrie-Strategie der Europäischen Gemeinschaft. Europäische Dokumentation 5/1982, S. 20.

6 Ibid., S. 21.

7 Ibid., S. 20.

8 Cf. hierzu meinen Beitrag im Jahrbuch für Betriebswirte 1987: Die ordnungspolitische Dimension von Globalstrategien in Forschung und Entwicklung, erläutert am EUREKA-Konzept, Stuttgart, Wien, Zürich 1987, S. 34-31.

9 Bernhard Molitor: Möglichkeiten und Grenzen staatlicher Industriepolitik. In: Industrie- und Strukturpolitik in der Europäischen Gemeinschaft, Baden-Baden 1981, S. 19.

10 Wirtschafts- und Sozialausschuß der Europäischen Gemeinschaften: Perspektiven für die 80er Jahre, Brüssel 1981, S. 15.

11 Hans von der Groeben: Die Erweiterung der Europäischen Gemeinschaft durch Beitritt der Länder Griechenland, Spanien und Portugal. In: Möglichkeiten und Grenzen einer Europäischen Union, Bd. 1, Die Europäische Union als Prozeß, Baden-Baden 19870, S. 524.

12 Die Industriepolitik der Gemeinschaft, Memorandum der Kommission an den Rat, Brüssel 1970, S. 7.

13 Guido Colonna di Paliano: Probleme und Aussichten der Industriepolitik. In: Bulletin der Europäischen Gemeinschaften 2/1969, S. 8.

14 Ibid.

15 Ibid., S. 5.

16 Guido Colonna di Paliano: Für eine Industriepolitik der Gemeinschaft. In: Bulletin der EG 5/1970, S. 8.

17 Ibid.

18 Ibid., S. 8/9.

19 Presse- und Informationsamt der Bundesregierung, Bulletin Nr. 148 vom 24. 10. 1972: Erklärung der Pariser Gipfelkonferenz, S. 1765 (I).

20 Ibid., S. 1765 (II).

21 Die Schaffung einer gemeinsamen industriellen Grundlage für Europa, Beilage zum Bulletin der EG 7/1973.

22 Entwurf der Kommission an den Rat, SEK (73) 3824.

23 Ibid., S. 1.

24 Bericht einer durch die Kommission eingesetzten Gruppe unabhängiger Sachverständiger, Brüssel, Januar 1981.

26 Cf. Bulletin 12/1980 der EG-Kommission "Industrielle Entwicklung und Innovation" sowie EG-Kommission: Auf dem Wege zu neuen Gemeinschaftspolitiken, Zusammenfassung aufgrund des Mandats vom 30. Mai 1980, Beilage zum Bulletin der EG 4/1984.

27 Beilage zum Bulletin der EG 4/1984, op. cit., S. 42.

28 Pierre Maillet: Die Industrie-Strategie der Gemeinschaft, Europäische Dokumentation 5/1982, S. 72.

29 Ibid., S. 21.

30 Erklärung des Europäischen Rates. In: Presse- und Informationsamt der Bundesregierung, Bulletin Nr. 65 vom 21. 6. 1983, S. 610 (II).

31 Ibid.

32 Cf. meinen Beitrag über "Die ordnungspolitische Dimension von Globalstrategien in Forschung und Entwicklung, erläutert am EUREKA-Konzept, op. cit.

33 Kommission der EG: Programm der Kommission für 1984, S. 28.

34 Ibid., S. 42.

35 Ibid., S. 46.

36 Christian Watrin: Die Industriepolitik in der EG. In: Die Zukunft der Europäischen Gemeinschaft, herausgegeben von der Ludwig-Erhard-Stiftung, Stuttgart und New York 1986, S. 124.

37 Kommission der EG: Die Wettbewerbsfähigkeit der Industrie der Europäischen Gemeinschaft, Dokument der Kommissionsdienststellen, Luxemburg 1982.

38 Die Schaffung einer gemeinsamen industriellen Grundlage für Europa, op. cit., S. 7ff.

39 Richard von Weizsäcker am 5. November 1984 bei seiner Begrüßung auf dem Flughafen Paris-Orly. In: Presse- und Informationsamt der Bundesregierung, Bulletin Nr. 137 vom 13. 11. 1984, S. 1211 (I).

AXEL H. SWINNE

Unsachgemäßer Ausweis der Vermögensverhältnisse in den Bilanzen westdeutscher Unternehmen. Zur Frage verdeckter struktureller Schwächen und verschleierter Insolvenzgefahren

1. Zunahme der Insolvenzen

Die Entwicklung der Insolvenzen in der Bundesrepublik Deutschland in den letzten Jahren ist von einer steigenden Tendenz hinsichtlich der Anzahl der Insolvenzfälle, der Ablehnung der Eröffnung eines Konkursverfahrens mangels Masse und des Rückgangs der Deckungsquoten gekennzeichnet.[1]

Entwicklung der Insolvenzen in der Bundesrepublik Deutschland seit 1960

			Konkurse				Vergleiche	
	insgesamt	mangels Masse abgelehnt	eröffnet	abgewickelt	Deckungsquoten(%) nicht bevorrecht. Ford.	bevorr. Forder.	eröffnet	Deckungs- quote (%)
1960	2689	947	1742	1526	54,2	9,0	343	46,5
1970	3943	1862	2081	1821	43,5	4,5	324	39,8
1980	9059	6639	2420	2054	32,1	5,8	94	37,0
1981	11580	8418	3162	2452	32,8	3,4	107	43,3
1982	15807	11764	4043	3332	25,1	5,1	152	44,3
1983	15999	12252	3747	3132	21,8	4,6	145	58,8
1984	16698	12826	3872	-	-	-	91	-
1985	18804	14512	4292	-	-	-	105	-

(Quelle: Statistisches Bundesamt)[2]

Durch den Konkurs von Unternehmen ist sicherlich eine große Zahl von Arbeitsplätzen in den letzten Jahren ersatzlos weggefallen, was auch zum weiteren Anstieg der Arbeitslosen beigetragen hat. Andererseits findet durch die Insolvenz eine "natürliche" Marktbereinigung statt, d. h. es scheiden Unternehmen aus dem Wettbewerb aus, die diesem nicht mehr gewachsen sind. Als Ursachen der Insolvenzen sind u. a. anzuführen:
- Fehlentscheidungen der Unternehmensführung
- Mangelnde Gegensteuerung zur Kostenentwicklung
- Nicht rechtzeitige Einleitung von Strukturanpassungen

- Falsche Produktpolitik
- Ungenügende Transparenz des Betriebsgeschehens

Zu letzterem gehören *Unzulänglichkeiten im Rechnungswesen* und vor allem *Schwächen in der finanzwirtschaftlichen Beurteilung* der Unternehmenssituation, so auch als Folge einer sehr häufig nicht voll aussagefähigen Bilanzierung der wirtschaftlichen Verhältnisse und Risiken der Unternehmung. Unternehmensleitung und Kapitaleigner wären sicherlich häufig zum rechtzeitigen Handeln veranlaßt bzw. gezwungen worden, wenn strukturelle Schwächen des Unternehmens durch eine entsprechende Offenlegung bzw. Berücksichtigung zukünftiger Aufwendungen und Risiken in ausreichendem Maße aufgezeigt werden. Privatwirtschaftlich verantwortliches Handeln würde in diesen Fällen die Insolvenzgefahren mindern und das staatliche Eingreifen zur Stützung von dann strukturgefährdeten Branchen und auch zum Erhalt von Arbeitsplätzen aus allgemeinpolitischen Gründen und Rücksichtnahmen häufig vermeiden helfen. Damit würde sich der Ruf nach einer aktiven Industriepolitik bzw. Industriestrukturpolitik in vielen Fällen erübrigen.

2. Unsachgemäßer Ausweis von Vermögensverhältnissen in den Bilanzen westdeutscher Unternehmen

Die Bilanzen von Unternehmen in der Bundesrepublik Deutschland zeigen gravierende Mängel hinsichtlich ihrer Aussagefähigkeit über die wirtschaftlichen Verhältnisse und zukünftige Belastungen, die auf die Unternehmen zukommen können. Zwei wichtige Positionen dürfen nach dem gegenwärtigen Handels- und Steuerrecht nicht bilanziert werden, sind aber für eine zutreffende wirtschaftliche Beurteilung der Unternehmen von erheblicher Bedeutung.

Wenn im Falle einer allgemeinen Zusage eines innerbetrieblichen Ruhegeldes vom derzeit bestehenden Passivierungswahlrecht Gebrauch gemacht wird (§ 152 Abs. 7 Satz 4 AktG, sowie § 6a EStG), ist diese Rückstellung sicherlich hinsichtlich ihres ausgewiesenen Barwertes auf den Stichtag bezogen in Ordnung. Nach § 16 des Gesetzes zur Verbesserung der betrieblichen Altersversorgung vom 19. 12. 1974 (BetrAVG) sind aber die Unternehmen gesetzlich gezwungen, alle drei Jahre eine *Anpassung der laufenden Leistungen der betrieblichen Altersversorgung* zu prüfen und hierüber nach billigem Ermessen zu entscheiden. Eine Aussetzung der Anpassung der Pensionszusage ist in der Regel infolge wirtschaftlicher Schwierigkeiten des Unternehmens nur einmal möglich. D. h. für die Unternehmen

besteht praktisch die Notwendigkeit einer lfd. Anpassung der zugesagten Betriebsrenten, im Minimum die Hälfte der durchschnittlichen Steigerung der Lebenshal-
tungskosten oder der tariflichen Lohnerhöhungen.[3]
Für diese zukünftigen Anpassungen der Betriebsrenten dürfen keine Rückstellungen,
auch keine Rücklagen, gebildet werden. Hochrechnungen haben ergeben, daß viele
Betriebe horrende Beträge an zukünftigen Anpassungen einstellen müßten, die die
Eigenmittel der betreffenden Gesellschaften bei weitem übersteigen und damit
zu einer Überschuldung führen würden.

Das o. a. Gesetz zur Verbesserung der betrieblichen Altersversorgung aus
dem Jahre 1974 hat in § 1 noch eine weitere, gravierende Änderung gebracht,
deren wirtschaftliche Bedeutung meist übersehen wird: *Einführung der Unverfallbarkeit einer betrieblichen Pensionszusage.* Die Anwartschaft auf die betriebliche Altersversorgung bleibt auch im Falle eines Ausscheidens aus dem Betrieb dem Mitarbeiter erhalten, wenn entweder die Versorgungszusage für ihn mindestens 10 Jahre bestanden hat oder der Beginn der Betriebszugehörigkeit mindestens 12 Jahre
zurückliegt und die Versorgungszusage für ihn mindestens 3 Jahre bestanden hat.
Bis 1974 wurden die Rückstellungen einer Bilanz, die im Rahmen einer betrieblichen Pensionszusage gebildet wurden, mindestens zu 50 % wie Eigenkapital betrachtet, da sich im Zuge der Fluktuation der Mitarbeiter etwa 50 % der Pensionszusagen während der Jahre von selbst erledigten und damit die Rückstellungen
nicht mehr gebraucht wurden, was nun aber nach den neuen Richtlinien der Unverfallbarkeit anders gesehen werden muß. Damit nehmen die Rückstellungen im Laufe
der Zeit echten Verbindlichkeitscharakter an.[4] Nach geltendem Recht gibt es hierfür keine Passivierungspflicht. Der Verzicht auf das bislang bestehende Wahlrecht
der Unternehmen würde zwar bei der Bilanzierung von Pensionszusagen keine
zusätzliche Sicherheit schaffen, aber die Verschlechterung der Finanzlage
eines Unternehmens früher - auch für Außenstehende - erkennbar machen
und rechtzeitiger notwendige Entscheidungen veranlassen.

Der Fall AEG ist ein Beispiel für unsolide Bilanzierung und Verschleierung der
wirklichen wirtschaftlichen Verhältnisse hinsichtlich Pensionszusagen. Die AEG, ein
namhaftes Elektro-Unternehmen in der Bundesrepublik Deutschland, hat seit Jahren
ihren Mitarbeitern gegenüber eine betriebliche Pensionszusage gegeben.
Nach § 6a EStG darf für eine solche Pensionsverpflichtung eine Rückstellung
(Pensionsrückstellung) gebildet werden. Zum Zeitpunkt der Anmeldung des

gerichtlichen Vergleichsverfahrens am 9. August 1982 betrug der Barwert dieser Pensionsverpflichtungen etwa 3 Mrd. DM, in der Konzernbilanz war dieser jedoch nur mit 1 Mrd. DM ausgewiesen. Der Differenzbetrag von 2 Mrd. DM tritt zu den bilanzierten Schulden hinzu. Der Nichtausweis dieser Verpflichtung verstieß nicht gegen die Bilanzvorschriften. Die AEG war bereits seit Jahren vor dem 9. August 1982 unterbilanziert, die Ergebnisse waren infolge der Nichtverbuchung des Aufwandes dieser 2 Mrd. DM jahrelang geschönt. Aktionäre, Lieferanten und andere Gläubiger wurden jahrelang über die wirtschaftlichen Verhältnisse irregeführt. Obendrein sind der Gesellschaft dadurch zu hohe Gewinne entstanden, zuviel Dividende und Steuern wurden gezahlt.[5] Die an sich früher notwendige Sanierung des Unternehmens wurde zum Schaden Dritter hinausgeschoben. Infolge des gerichtlichen Vergleichsverfahrens der AEG fielen auch die Verpflichtungen aus Pensionszusagen - als nicht gesicherte und nicht bevorrechtigte Forderungen - in den Vergleich: 50 % des 3 Mrd. DM-Barwertes der Pensionsverpflichtungen, d. h. 1,5 Mrd. DM mußten durch den seit 1974 geschaffenen Pensionssicherungsverein übernommen werden. Dieser wiederum mußte hierauf seine jährlichen Beiträge, die im Umlageverfahren von allen Betrieben der Bundesrepublik Deutschland abverlangt werden, verdoppeln. Die nach § 16 BetrAVG bestehende Anpassungspflicht ist hinsichtlich der übernommenen Pensionsverpflichtungen ebenfalls vom Pensionssicherungsverein einzulösen, was nochmals notwendig machen wird, einen Betrag in Milliarden-Höhe auf die Zwangsmitglieder umzulegen. Damit wird ein Teil des Vergleiches der AEG von der Allgemeinheit bezahlt, man könnte auch sagen, er wird "sozialisiert".

Spätestens mit dem Gesetz zur Verbesserung der betrieblichen Altersversorgung von 1974 hätte der Gesetzgeber die Vorschriften der Bilanzierung verschärfen müssen, um den Verpflichtungen aus Unverfallbarkeit und Anpassungspflicht für Bestandsrenten Rechnung zu tragen. *Der Gesetzgeber ist aufgerufen,* solchen *offenkundigen Fehlentwicklungen,* die der Marktwirtschaft letztlich schweren Schaden zufügen, durch gesetzliche Maßnahmen *Einhalt zu gebieten.*

Für zukünftige, mögliche *Freistellungen von Mitarbeitern,* die eine *Abfindung* zu beanspruchen haben, dürfen *keine Rückstellungen* gebildet werden, solange die Freistellung nicht bereits eingeleitet ist.
Eine große Zahl von Betrieben, die aus branchenbedingten Gründen mit Freistellungen voraussehbar konfrontiert werden, hat wegen des bestehenden Rückstel-

lungsverbots nicht rechtzeitig - in sog. "fetten Jahren" - Reserven für den späteren Aufwand an Abfindungszahlungen für Freisetzungen gelegt. Ein Teil der Konkurse ist damit zwangsläufig vorprogrammiert, da für einen wirtschaftlich sinnvollen Vergleich keine ausreichenden Mittel zu der bevorrechtigten Befriedigung der Mitarbeiter hinsichtlich der Ansprüche aus Abfindungen vorhanden sind.

Hingegen werden nach österreichischem Recht sog. Abfertigungsrücklagen jährlich gebildet, von denen 50 % in Form von Wertpapieren gesichert angelegt werden müssen, so daß im Falle wirtschaftlicher Schwierigkeiten des Unternehmens die betreffenden Mittel kurzfristig realisierbar und dem Unternehmen sicher sind. Nach § 14 (österr.) EStG müssen zur Vorsorge für Abfertigungen 50 % der theoretischen Abfertigungsansprüche zum Bilanzstichtag passiviert werden, von denen wiederum 50 % durch österreichische festverzinsliche Wertpapiere gedeckt sein müssen. Auf Grund dieser österreichisch-spezifischen gesetzlichen Regelung haben gerichtliche Vergleiche (dort "Ausgleich" genannt) eine größere Chance der Durchführung zu einem positiven Abschluß und gleiten nicht, wie in der Regel bei uns, in einen Anschlußkonkurs über.[6]

In der Bundersrepublik Deutschland scheitern häufig gerichtliche Vergleichsverfahren, da die Abfindungen für freizustellende Mitarbeiter nicht mehr finanziert werden können. Der Grund: nicht rechtzeitig durch bilanzielle und damit auch liquiditätsmäßige Maßnahmen - mangels gesetzlicher Vorschriften - getroffene Vorsorge.

Fall Stahlbranche: In der EG wurden inzwischen insgesamt 114 Mrd. DM an Subventionen gezahlt, wovon nur 6 % auf die Bundesrepublik Deutschland entfallen, die aber mit 30 % an der Rohstahlproduktion beteiligt ist. Trotz dieser gewaltigen Subventionszahlungen sind diese zum größten Teil nicht für Rationalisierungsmaßnahmen, sondern zum Ausgleich von Verlusten verwandt worden.[7] In Italien wird z. B. die Rohstahlerzeugung pro Tonne mit 1.000 DM, in der Bundesrepublik nur mit 40 DM subventioniert. Die Rohstahlproduktion in der Bundesrepublik sank von 1974 bis 1984 um 26 %, die Zahl der Beschäftigten wurde um 32 % reduziert. Allein die Firma Arbed Saarstahl erhielt bislang mehr als 3.3 Mrd. DM an Zuschüssen, um derzeit noch ca. 14.000 Arbeitsplätze zu erhalten. Die EG genehmigt die Gewährung weiterer Subventionen nur unter der Bedingung, daß zusätzlich mindest. 1.400 bis maximal 4.000 Beschäftigte abgebaut werden. Die saarländische Regierung unter Ministerpräsident Lafontaine erwägt den Plan der Errichtung einer

"Beschäftigungsgesellschaft", einer Gesellschaft, die die freigestellten bzw. freizustellenden Mitarbeiter der Saarstahl - etwa nach dem Vorbild der "Division Anticrise" in Luxemburg - übernimmt und auf Kosten der Bundesanstalt für Arbeit Fortbildungsmaßnahmen, Umschulung, Arbeitsbeschaffungen etc. durchführt.[8] Hiervon unberührt, erfolgte die privatwirtschaftliche Lösung der Korff-Gruppe, eines kleinen privaten Stahl-Konzerns, der jahrelang ohne wesentliche Stützen des Staates marktwirtschaftliche Führung eines Unternehmens vorexerzierte, aber infolge der totalen Wettbewerbsverzerrungen des Stahlmarktes durch Staatseingriffe aufgeben mußte.

Nach einer Studie des Münchener Ifo-Instituts für Wirtschaftsforschung könnten in der Bundesrepublik Deutschland 68.000 Arbeitsplätze ab 1986 zur Disposition stehen, falls in den übrigen EG-Ländern nach 1985 Subventionen im bisherigen Umfang gewährt werden und die Bundesrepublik über die zugesagten Hilfen hinaus keine weiteren Unterstützungsmaßnahmen vorsieht. Bei der genannten Zahl der gefährdeten Arbeitsplätze handelt es sich auch um solche der Zuliefer-Industrie, wie Kohlebergbau, die bei einer Verringerung der westdeutschen Rohstahlproduktion um 20 Mio. Tonnen oder 37 % betroffen sind.[9]

Folgerungen:

- Die über längere Zeit gewährten Subventionen führen letztlich zu einer Wettbewerbsverzerrung, die sonst über den Wettbewerb des freien Marktes infolge rechtzeitiger Anpassung in diesem Maß gar nicht aufkommen würde. Die gezahlten Subventionen sind nichts anderes als die Übernahme von Verlusten und Schulden durch den Staat, also eine Sozialisierung dieser. *Subventionen* dürfen *nur als Ausnahme* für eine eindeutig *determinierte Zeit* und bis zu einer bestimmten Höhe gewährt werden, um die *Rahmenbedingungen der Marktwirtschaft* für eine zukünftige erfolgreiche wirtschaftliche Betätigung der betreffenden Unternehmen *wieder herzustellen.* Wird die finanzielle Restrukturierung zu einer Dauereinrichtung, die "Subventionitis" noch gefördert, so enden solche Maßnahmen in einem wirtschaftlichen Chaos.

- Die vom Personalabbau bedrohten Unternehmen haben keine bilanzielle Vorsorge hinsichtlich der außerordentlich hohen Kosten der Abfindungszahlungen getroffen. Die Bilanzen dieser Unternehmen sind deshalb geschönt und nicht mehr als seriös zu bezeichnen. Eine möglicherweise vom Staat zu übernehmende Stützungsaktion dieser Unternehmen (Begründung: Sicherung der restlichen Arbeitsplätze) läuft wiederum den Regeln der freien Marktwirtschaft zuwider und hat Sozialisierungscharakter, da sie von der Allgemeinheit zu tragen ist.

3. Verbesserung der rechtlichen und wirtschaftlichen Rahmenbedingungen für eine marktorientierte Industriepolitik/strukturale Wirtschaftspolitik

Zur Durchsetzung einer marktorientierten Industriestrukturpolitik/strukturalen Wirtschaftspolitik sind die rechtlichen und wirtschaftlichen *Rahmenbedingungen* in der Bundesrepublik Deutschland *nachhaltig* zu verbessern, um der unternehmerischen Initiative mehr Entfaltungsmöglichkeiten zu geben und zugleich die marktwirtschaftlich notwendigen Anpassungsprozesse zu beschleunigen:

Änderung der Bilanzierungsbestimmungen

- Bilanzierungspflicht für Pensionsrückstellungen bei betrieblichen Altersruhegeldzusagen in Ansehung von Unverfallbarkeit und Anpassungspflicht.[10]

- Bilanzierungspflicht von Rücklagen für den zukünftigen, möglichen Aufwand im Zuge der Freistellung von Mitarbeitern.

Änderung des Insolvenzrechtes[11]

- Neuordnung der Gläubiger-Klassen durch Schaffung eines "klassenlosen Konkurses" (analog dem neuen österreichischen Ausgleichsrecht) und Nachbildung der rechtlichen Möglichkeiten einer "Restrukturierung des Unternehmens" bei gleichzeitigem Stillhalten der Gläubiger nach US-amerikanischem Vorbild.

Mit solchen Maßnahmen, die neben einer Verbesserung der gesetzlichen und finanziellen Voraussetzungen für die Gewährung von Starthilfen, Anpassungshilfen, Durchstarthilfen und Stillegungshilfen[12] durchzuführen sind, kann eine marktorientierte Industriestrukturpolitik oder strukturale Wirtschaftspolitik eine entscheidende Wende nicht zuletzt in der gegenwärtigen Beschäftigungssituation herbeiführen.[13]

Anmerkungen

1 Vgl. Capell/A. H. Swinne, Internationales Kredit-Management, Frankfurt/M. 1981, S. 17ff., International Finance Management, Bd. 5.

2 Zu der Gesamtzahl der Insolvenzen 1985: 18.804, hiervon betreffen zwischen 25-30 % die sog. "Übrigen Gemeinschuldner" (wie natürliche Personen, Nachlässe u.a.), weiterhin sind noch die Freien Berufe mit knapp 18 % enthalten, so daß an Konkursen gewerblicher Unternehmen nur noch ca. 10.000 verbleiben.

3 Die materielle Auslegung des § 16 BetrAVG erfolgte entsprechend durch arbeitsrechtliche Rechtsprechung. Vgl. auch G. Heubeck, G. Höhne u.a., Kommentar zum Betriebsrentengesetz, Heidelberg, 1982, Bd. I, zu § 16.

4 Vgl. die Anfrage des MdB Josef Grünbeck im Deutschen Bundestag am 30. März 1983.

5 W. Philipp, Stunde der Wahrheit für Pensionszusagen, Eine Lehre aus dem Falle AEG, in: FAZ v. 16. 8. 1982.

6 Vgl. E. Feil, Ausgleichsordnung, Konkursordnung, Anfechtungsordnung, Eisenstadt 1983, S. 8ff.

7 Stahlindustrie, Partie verloren, in: Wirtschaftswoche Nr 16 v. 12. 4. 1985, S. 150ff.

8 Arbed Saarstahl, Kurz vor Toresschluß, in: Wirtschaftswoche Nr. 40 v. 27. 9. 1985, S. 196-197.

9 EG-Stahl-Subventionen, Studie des Münchener Ifo-Instituts für Wirtschaftsforschung, in: Handelsblatt Nr. 176 v. 13./14. 9. 1985.

10 Ende 1985 wurde das Bilanzrichtlinien-Gesetz verkündet. Gemäß § 253 Abs. 1 HGB wurde nunmehr die Passivierungspflicht von Pensionszusagen zum Barwert eingeführt, nicht aber werden die wirtschaftlichen Auswirkungen von Unverfallbarkeit und Anpassungspflicht berücksichtigt.

11 Vgl. österr. Insolvenzrechtsänderungsgesetz 1982 (InsRÄndG), Art XI § 2 Abs. 2 Z 1, 2 lit a und b sowie Neufassung des § 46 der Konkursordnung.

12 Vgl. B. B. Gemper, Structural Industry Policy in a Market Economy - A Matter of Conviction or Desperation? - Vortrag auf dem 12. Walberberger System-Symposion am 6. 3. 1985, in: B. B. Gemper (Hrsg.), Industrial Policy - Structural Dynamics, Hamburg 1985 (HWWA-Institut-Veröffentlichung), S. 11-20.

13 O. Graf Lambsdorff, Konzept für eine Politik zur Überwindung der Wachstumsschwäche und zur Bekämpfung der Arbeitslosigkeit, vom 9. 9. 1982, Bonn, Bundesministerium für Wirtschaft.

KARL SCHMIDT

DER ARBEITSPLATZ
Eine Gemeinde siedelt Industrie an

Wohl selten ist ein Thema so in das Spannungsfeld zwischen kommunaler Daseinsvorsorge oder Existenzsicherung auf der einen Seite und teilweise realitätsferner Ablehnungshaltung auf der anderen Seite geraten wie das Thema "Industrieansiedlung".

Gründe

Nach dem Niedergang des Erzbergbaues und der mit diesem verbundenen Industriebereiche standen in den fünfziger Jahren viele Gemeinden und Städte vor großen Problemen der *Umstrukturierung.* Der mit dem Erliegen des Bergbaues eintretende Verlust an Arbeitsplätzen konnte durch die bescheidenen industriellen Ansätze in den kleineren Gemeinden nicht aufgefangen werden. Die Hauptsorge in der *Kommunalpolitik* galt damals der baldmöglichen Schaffung neuer Arbeitsstätten. Begünstigt durch einen kräftigen konjunkturellen Aufwind kamen solche Bestrebungen in vielen kleinen Teilbereichen zum Zuge. Daß bei der damaligen Gliederung des Siegerlandes in weit über 100 Gemeinden dabei die städtebauliche Ordnung zu kurz kam, lag auf der Hand.
Nur in einigen Ortsteilen der heutigen *Gemeinde Wilnsdorf* gab es damals nennenswerte industrielle Entwicklung. Vor allem den kleinen Gemeinden fehlten Tragfähigkeit und oft auch rein grundstücksmäßig die Voraussetzungen für die Ausweisung entsprechender Industrieflächen. Hinzu kam die Verkehrsungunst vieler Standorte.

Neue Grenzen

Schon bald aber richtete sich der Blick auf die *kommunale Neugliederung,* die im *Siegerland* leistungsstarke und tragfähige kommunale Einheiten schaffen sollte. Neue größere Gemeinden boten dann auch nach Wegfall der Ämterverfassung[*] in ausreichend großen Gebieten eher die Gewähr für eine konzentrierte und großflächige Entwicklung. Die Bundesautobahn 45 erzeugte darüber hinaus für einige Kommunen eine hohe verkehrsmäßige Standortgunst im Gegensatz zu einer bisher gegebenen absoluten Verkehrsungunst. Diese Feststellung galt vor allem auch für Wilnsdorf.

*) Nach der Amtsordnung für das Land Nordrhein-Westfalen von 1953 bildeten bis dahin mehrere selbständige, aneinandergrenzende Gemeinden sogenannte "Ämter", eine Art Verwaltungsgemeinschaft, innerhalb derer die Gemeinden ihr Gebiet selbst verwalteten.

Die Gemeinde *Wilnsdorf* entstand im Jahre 1969 durch den gesetzlich verordneten Zusammenschluß von 7 Gemeinden des Amtes Wilnsdorf und 4 Gemeinden des Amtes Netphen. Diese neue Gemeinde hatte zwar einen geschlossenen, ausreichend groß bemessenen *Entwicklungsraum* - mit der Autobahn war ihr zudem eine hohe Standortgunst zugewachsen -, infrastrukturell jedoch war nahezu ein Null-Status anzutreffen. Eine derart schwache Ausbildung der *Infrastruktur* wie auch die geringe Finanzkraft hatten im Vorfeld der kommunalen Neugliederung lange Diskussionen und heftigen Streit ausgelöst darüber, ob die Bildung einer solchen Gemeinde überhaupt zu verantworten sei. Aus der Kenntnis dieser Vorgeschichte und aus dem Wissen um die notwendigen politischen Schritte ergab sich daher für die *Kommunalpolitik in Wilnsdorf* eine große Herausforderung.

So war für die Gemeinde in den Jahren ab 1969 die Ansiedlung vor allem arbeitsplatzintensiver und ertragsstarker Firmen ein Aspekt der Entwicklung unter vielen anderen, galt es doch nunmehr, die zu widerlegen, die sich gegen die Bildung der Gemeinde ausgesprochen hatten, bzw. ihre Existenzfähigkeit bezweifelten oder gar auf eine Wiederauflösung in der letzten Phase der kommunalen Neugliederung Mitte der siebziger Jahre hin arbeiteten. Das Gebot der Stunde konnte nur lauten: Entwicklung um fast jeden Preis auf allen Gebieten. Die Gemeinde mußte ihre Existenzfähigkeit unter Beweis stellen und die Einrichtungen schaffen, die eine zeitgemäße Versorgung aller Bürger sicherstellten. Die schon in der letzten Phase der kommunalen Neugliederung vor 1969 angestellten Überlegungen für die Verwirklichung zentraler Aufgaben und deren planerische Konkretisierung unmittelbar nach 1969 machten allzu deutlich, welche Unzahl von Problemen der Lösung bedurften.

Zwangsläufigkeiten

Daß eine breitbändige Entwicklung spontan in allen Bereichen einsetzen mußte, war jedoch nicht nur aus den beschriebenen politischen Gründen erforderlich, vielmehr ergab sich die Zwangsläufigkeit einer solchen Entwicklung als Erfahrungswert aus den ersten kommunalpolitischen Aktivitäten. Es wurde sehr bald nämlich klar, daß beispielsweise eine großflächige Industrieansiedlung nur dann von durchschlagendem Erfolg sein konnte, wenn für die Belegschaft der sich ansiedelnden Betriebe Bauplätze für Einfamilienhäuser in ausreichender Zahl angeboten werden konnten. Die Gemeinde mußte also *großflächige Planungs- und Erschließungsmaßnahmen* in Angriff nehmen. Diese wiederum - eine steile Aufwärtsentwicklung der Bevölkerungszahlen war die Folge - machten eine Reihe weiterer Investitionen erforderlich. Kindergärten, Schulen, Sportstätten reichten nicht mehr aus, mußten erweitert oder durch neue Einrichtungen ersetzt werden. Die Sicherstellung der Wasserversorgung war ein weiteres schwieriges Problem, das auch schon fast alle Gemeinden vor der kommunalen Neugliederung belastet hatte und nun bei zunehmender Bevölkerung und neuen Industriebetrieben auf umgehende Lösungen drängte. Im Rahmen der umweltpolitischen Aktivitäten nahm die schadlose Beseitigung der Abwässer sehr bald Rang Eins ein. Kanalnetz und Klärwerke forderten den Einsatz von -zig Millionen DM. Zu diesen zentralen großen Aufgaben kamen der Bau von Dorfgemeinschaftshäusern, von Feuerwehrgerätehäusern, von Friedhofshallen, die Ausstattung der Feuerwehren, die Sanierung des alten Straßennetzes, die zentrale Sanierungsmaßnahme Wilnsdorf und so manches andere noch hinzu. Die Aufzählung dieser Fakten soll deutlich machen, daß die Realisierung einer Aufgabe die nächste zwangsläufig auslöste.

Wie nebenbei ergab sich dabei die Feststellung, daß die Entwicklung der Gemeinde nicht durch die Addition aufeinanderfolgender willkürlich ausgewählter entwicklungspolitischer Maßnahmen bewerkstelligt werden konnte, eine solche Entwicklung bedingte vielmehr das Vorhandensein klarer Vorstellungen über eine integrierte und integrierende Gesamtentwicklung des Raumes Wilnsdorf. In diese umfassenden Vorstellungen hinein gehörten dann auch die Ansiedlung neuer Betriebe, die Schaffung neuer Arbeitsplätze und die Stärkung der gemeindlichen Wirtschaftskraft.

Projekt "Lehnscheid I"

Aus den vielfältigen Bemühungen der Gemeinde um die Ansiedlung neuer Betriebe und um Schaffung von Erweiterungsmöglichkeiten für bestehende Betriebe soll das Projekt "Lehnscheid I und II" herausgegriffen werden.
Unmittelbar nachdem sich der Rat der neuen Gemeinde Wilnsdorf 1969 konstituiert hatte, faßte er den Beschluß zur Aufstellung des Bebauungsplanes "Lehnscheid I". In weniger als zwei Jahren gelangte dieser Plan (das Plangebiet, unmittelbar an der Ortsrandlage und am Autobahnzubringer gelegen, umfaßte rd. 27 ha) zur Rechtskraft. Um die geplante bauliche Nutzung auch realisieren zu können, mußte einmal die Umlegung (Bodenordnungsmaßnahme) nach dem Bundesbaugesetz durchgeführt und zum anderen versucht werden, möglichst viele der insgesamt 181 landwirtschaftlichen Grundstücke, die eine Gesamtfläche von 23,5 ha (ohne Wege und Bachläufe) ausmachten, zu erwerben. Der Ankauf dieser Grundstücke erfolgte vom Sommer 1969 bis etwa Mitte 1971. Einige Regulierungen erfolgten noch Anfang 1972.

Das *Umlegungsverfahren*, vom Umlegungsausschuß der Gemeinde Wilnsdorf durchgeführt, geriet in einige verfahrensmäßige Turbulenzen, konnte aber trotzdem mit
Eintritt der Unanfechtbarkeit des Umlegungsplanes im Sommer 1972 zeitig
zu Ende gebracht werden. Nun war es nicht so, daß interessierte Firmen gleich
dutzendweise auf eine Ansiedlung in Wilnsdorf warteten. Zwei Firmen waren im
Gespräch, als die gemeindlichen Aktivitäten für "Lehnscheid I" begannen. Während
die eine Firma ihr Vorhaben aufgeben mußte, verweigerte die Gemeinde der anderen
aus Gründen des Immissionsschutzes die Zuteilung eines Baugrundstückes. In
Anbetracht der eingegangenen rechtlichen wie finanziellen Risiken war dies nicht
gerade ein verheißungsvoller Start. Insgesamt 4,2 Mill. DM mußte die Gemeinde
nämlich für die Erschließung dieses Industriegebietes aufwenden. In Relation zum
Vermögenshaushalt (Investitionen) von insgesamt 4,7 Mill. DM im Jahre 1969 waren
das finanzielle Größenordnungen, die kaum verkraftbar erschienen. Zwar bewilligte
das Land zwischenzeitlich entsprechende Zuschüsse in einer Größenordnung von
rd. 600.000,-- DM. Der verbleibende "Rest" von rd. 3,6 Mill. DM mußte jedoch von
der Gemeinde ohne konkrete Gewißheit baldiger Refinanzierungsmöglichkeit vorge-
halten werden. Zwei Jahre wurde das Bild des ehemals landwirtschaftlich geprägten
Heckebachtales durch Bagger und Planierraupen bestimmt. 1971 wurde mit
dem Ausbau bzw. der Verlegung des Heckebaches und mit der Planierung des gesamten Geländes, in deren Verlauf etwa 500.000 m³ Felsen und Erde bewegt wurden,
begonnen. Dieses auf der Hangseite gewonnene Material mußte nicht nur abgetragen
werden, um bebauungsfähige Grundstücke zu erhalten (das *Heckebachtal* wies ja eine
bewegte Topographie auf, wie die entstandenen Böschungen heute noch belegen),
vielmehr war es erforderlich, die talseitig gelegenen, teilweise sehr sumpfigen
Grundstücke mit standfestem Material zu überdecken, um auch hier Bebauung
zu ermöglichen. Wasserleitung, Straßen und Kanal folgten dann ab 1972. Im Jahre
1973 war die Erschließung abgeschlossen.

Inzwischen war nun doch ein gewisses Interesse an diesem Gebiet spürbar geworden,
nachdem mit der Erschließung dokumentiert wurde, daß am Fuße der Autobahnauf-
fahrt Wilnsdorf tatsächlich ein großflächiges Industriegebiet entstehen sollte. Bis
dahin hatten nur wenige damit gerechnet, daß dieses Vorhaben verwirklicht
werden würde.

Kurzfristig konnten noch 1971 sechs Grundstücksverkäufe getätigt werden. Interessanterweise führten Werbemaßnahmen (beispielsweise Annoncen in der überregio-
nalen Tagespresse) zu keinerlei Erfolg bei der Bemühung um den Verkauf von
Grundstücken. Frappierend aber war geradezu die Erkenntnis, daß auch die
lokale Berichterstattung in den Siegerländer Tageszeitungen kaum ein Echo ergab,

obwohl ständig in Wort und Bild ausgiebig über dieses seinerzeit als Pilotobjekt zu bezeichnende Vorhaben berichtet wurde. *Persönliche* Empfehlungen oder gezielte Hinweise dagegen führten häufig zu Kontakten, aus denen sich dann die Vertragsabschlüsse ergaben.

Projekt "Lehnscheid II"

Bis 1973 war "Lehnscheid I" mit einer baulichen Nutzungsfläche von rd. 22 ha fast ausverkauft. Die Gemeinde bekam nun auch finanziell wieder etwas Luft, flossen doch nach Abschluß der Grundstückskaufverträge von den Firmen Grundstückserlöse und Erschließungsbeiträge in die Gemeindekasse. Die schnelle Abwicklung, der dann auch letztlich einsetzende schnelle Verkauf und deutlich zu erkennender weiterer Bedarf bewogen die Gemeinde, alsbald den Abschnitt "Lehnscheid II" in Angriff zu nehmen. Rund 25 ha groß war das Plangebiet, für das der Rat der Gemeinde Winsdorf im April 1973 den Aufstellungsbeschluß faßte und knapp ein Jahr später die Umlegung (Bodenordnungsmaßnahme) anordnete. Das Bebauungsplanverfahren konnte mit dem Eintritt der Rechtskraft Ende 1975 abgeschlossen werden, während beim Umlegungsverfahren erst im September 1977 die Unanfechtbarkeit des Umlegungsplanes erreicht wurde.

Unbestreitbar hatte der Bereich Wilnsdorf durch die Autobahnanschlußstelle, durch die inzwischen in die Wege geleiteten kommunalpolitischen Entwicklungsmaßnahmen und durch die realisierte Maßnahme "Lehnscheid I" ein wenig an Attraktivität gewonnen. Mit dieser *Attraktivität* stiegen allerdings auch die Grundstückspreise. Während die Gemeinde im Gebiet "Lehnscheid I" noch alle Grundstückskäufe zu einem Preis von etwa 2,50 DM/m² abwickeln konnte, stellte sich der durchschnittliche Erwerbspreis im Gebiet "Lehnscheid II" auf etwa den dreifachen Betrag. Die Aufwendungen für den Grunderwerb - im Gebiet "Lehnscheid I" mit 580.000,-- DM noch recht bescheiden - wuchsen im Gebiet "Lehnscheid II" bei etwa gleicher Erwerbsfläche auf rd. 1,5 Mill. DM. Die gesamte Maßnahme wurde im übrigen bei allerdings *topographische* und auch *geologisch ungünstigeren Gesamtbedingungen* nach dem gleichen Schema abgewickelt wie die Erschließung des Gebietes "Lehnscheid I". Die Gesamtkosten lagen mit rd. 5,6 Mill. DM erheblich höher als bei der Vorgängermaßnahme. Erfreulicherweise erfolgte aber die Subventionierung durch das Land auch zu besseren Konditionen. Rund 2,3 Mill. DM wurden an Zuschüssen bewilligt. Etwa 1,1 Mill. DM verblieben am Ende der Gemeinde als Finanzierungsanteil, nachdem mit rd. 2,2 Mill. DM Grundstückserlösen und Erschließungsbeiträgen

die Finanzierung sichergestellt werden konnte. Der zeitliche Ablauf dieser Maßnahme stellte sich so, daß nach dem Grunderwerb in den Jahren 1973 bis 1975 die
Planierung des gesamten Plangebietes sich in den Jahren 1976/77 anschloß. Straßen-
und Kanalbau folgten, während die Wasserversorgung und Brückenbau 1977/78 die
Maßnahme abrundeten.

Konditionen

Die gewonnenen Baugrundstücke - rd. 22 ha bauliche Nutzfläche - konnten
größtenteils in den Jahren 1977 bis 1979 zum Preis von rd. 22,-- DM/m² incl. aller
Erschließungs- und Anschlußbeiträge verkauft werden. Restverkäufe folgten Zug um
Zug in den nachfolgenden Jahren. Trotz der erheblich höheren Kosten in "Lehnscheid II" lag der Veräußerungspreis mit 22,-- DM gegenüber 19,-- DM nur
unwesentlich höher, wobei man ja den zeitlichen Versatz von immerhin 7 bis 8
Jahren mit einrechnen muß. Diese - fast - preisliche Identität erklärt sich
aus der höheren Subventionierung durch das Land Nordrhein-Westfalen. Eine solche
preisliche Stabilität, die die Gemeinde dann auch später (ohne Kosten der Zwischen-
finanzierung in Ansatz zu bringen) wahrte, war (wie sich im Laufe der Zeit herausstellte) im Bereich der Unternehmerschaft von entscheidender vertrauensbildender
Bedeutung.

Gleiche Konditionen für alle und über all die Jahre hinweg begründeten letztlich -
neben anderen Faktoren - ein *gutes Ansiedlungsklima*. Gemeindlicherseits praktizier-
te Bereitschaft zum schnellen Handeln wie *konditionelle Verläßlichkeit* waren für die
Akzeptanz von "Lehnscheid" mit entscheidend, wie sich im Verlauf von hunderten
von Gesprächen herausstellte. Hinzu kamen sicherlich auch die vertrauliche Behand-
lung aller Konditionen und Daten der Firmen sowie die Abwicklung der einzelnen
Ansiedlungsmaßnahmen als auch der Gesamtmaßnahme in absolut ruhigem
Fahrwasser. Es gab keine Erschütterungen durch öffentliche politische Diskussionen,
so daß die wegen der politischen wie wirtschaftlichen Bedeutung der Maßnahme erforderliche *Kontinuität im Verfahrensablauf* erhalten blieb. In der Folgezeit hat sich
die Gemeinde Wilnsdorf bei ihren Aktivitäten stets bemüht, diese gewonnenen Er-
fahrungswerte zu beachten.

Inzwischen denkt nun die Gemeinde daran, den Bereich "Lehnscheid" um weitere
15 ha zu erweitern. Während die ersten beiden Maßnahmen von fast allen behörd-
lichen Stellen unterstützt wurden, auch von privater Stelle keine Einwendungen gel-
tend gemacht wurden, sieht dies heute doch wesentlich anders aus. Während damals

noch *landesplanerisch* (Gebietsentwicklungsplan) der Gemeinde ausdrücklich Ergän-
zungs- bzw. Austauschfunktion speziell im industriellen Bereich zur Entlastung
des Kernraumes zugeschrieben wurde, ist diese zugewiesene Position - obwohl vom
Buchstaben her noch erhalten - durch die gesamte wirtschaftliche Entwicklung,
aber auch durch nicht schlüssige neue landesplanerische Maßstäbe (Zuteilung von
weiteren Gewerbeflächen erfolgt nach wissenschaftlichen Erkenntnissen und errech-
neten Modellwerten) faktisch neutralisiert worden. Dieses starre Planungsraster
mißachtet aber die individuellen Gegebenheiten der Entwicklungsräume und die
Standortwünsche der Unternehmerschaft und kann daher im Grunde nur hemmen und
nicht entwickeln.

Rechtzeitig handeln

Nun hat sich in der Vergangenheit gezeigt, daß fundiertes, zügiges kommunalpoliti-
sches Handeln sich durchaus auch in Großgebietsplanungen Raum schaffen kann.
Im übrigen aber bringt Landesplanung allein sowieso keine Industrie ins Haus. Vielmehr müssen gemeindlicherseits Planung, Erschließung und Bodenordnung so durchgeführt werden, daß zu der Zeit, in der Bedarf entsteht, die Grundstücke auch
verfügbar sind. Insoweit ist die Gemeinde Wilnsdorf bei ihren Maßnahmen im Gebiet
"Lehnscheid" von glücklichen Umständen begleitet gewesen, als sie unter hohem
zeitlichen und sachlichen Druck stehend, infrastrukturell komplett ausgestattete
Baugrundstücke dann zur Verfügung stellen konnte, als große Nachfrage bestand.
Es gab Verlagerung von Betrieben aus Bereichen außerhalb des Siegerlandes, es gab
Firmenneugründungen und es gab Verlagerungen von Betrieben aus dem Kernraum
Siegen nach Wilnsdorf.

Bei diesem Punkt darf sicherlich einmal angemerkt werden, daß die Ansiedlung
von Betrieben nicht auf unbekannten, geheimnisumwitterten Wegen verschwöreri-
scher Abwerbung erfolgte, sondern daß interessierten Firmen ein passendes
Angebot zur passenden Stunde zu passenden Konditionen gemacht werden konnte.
Es gab kein Rezept, es gab keine Formel, es gab lediglich die Gunst der Stunde
und des Standortes. Dieser Vorwurf der Abwerbung hat das kommunale Großklima
teilweise stark beeinträchtigt und Zerrbilder und Spannungen (überflüssigerweise)
entstehen lassen. Wer bereit ist nachzudenken, wird auch solche Vorhaltungen
schnell fallen lassen. Wie hätte man denn beispielsweise einen Betrieb veranlassen
können, seinen Standort zu verlagern, wenn für diesen keine Notwendigkeit

bestanden hätte. Wie hätte man einen Betrieb von einer Verlagerung abhalten können, wenn er geplante Erweiterungs- und Erneuerungsmaßnahmen am bisherigen Standort nicht durchführen konnte und auch kein geeignetes Gelände fand. Hätte Wilnsdorf damals kein Angebot an Industriefläche parat gehabt, hätte eine große Zahl von Firmen keine Chance zur Weiterentwicklung bekommen oder wäre ggf. über die Kreis- oder Landesgrenzen abgewandert, ein Trend, dem auch landesplanerisch ausdrücklich - u. a. durch die Industriegebietsausweisung in Wilnsdorf - entgegengewirkt werden sollte.

Wenn ich eingangs von einem Spannungsfeld sprach, dem die "Industrieansiedlung" ausgesetzt ist, dann befinden wir uns (im politischen Bereich) sicherlich zur Zeit in einer Phase durch Halbherzigkeit gekennzeichneter Ablehnungshaltung. Sicherlich ist inzwischen jedem klar geworden, daß städtebauliche Planungen und Maßnahmen heute einer anderen Betrachtungsweise vor allem aus *ökologischer* und aus der Sicht des Umweltschutzes unterliegen als früher. Nun sollte man das Kind aber nicht mit dem Bade ausschütten, indem man an die Vergangenheit heftige Vorwürfe richtet, daß mit der Natur sehr unfreundlich umgegangen worden sei. Natürlich würden aus heutiger Erkenntnis viele Dinge anders gemacht als vor beispielsweise 15 Jahren. Nun aber gilt es, aus den gemachten Erfahrungen Schlüsse zu ziehen und entsprechend zu handeln. *Aus Fehlentwicklungen* in der Vergangenheit, die damals nicht als solche angesehen wurden und auch nicht als solche angesehen werden konnten, *sollten Lehren gezogen und für die Zukunft beachtet werden.* Nicht aber kann eine solche geänderte Sicht der Dinge bedeuten, daß Technikfeindlichkeit oder andere Motive die Bewegung in der Industrielandschaft gänzlich unterbinden. Bei all dem heute gebotenen behutsamen Umgang mit Umwelt und Wohnwerten muß es trotzdem möglich sein, kommunalpolitisch den sich zeigenden wirtschaftlichen Entwicklungserfordernissen Rechnung zu tragen. Wie sollte denn eine Volkswirtschaft, deren Entwicklung gravierend gehemmt wird, mit ihren Erträgnissen die vielen öffentlichen Aufgaben gerade in der *Umweltpolitik* letztlich finanzieren?

Güterabwägung

Vor allem ist es wichtig, die *Industrieansiedlung* nicht für sich losgelöst als umweltruinierende Maßnahme hinzustellen, sondern diese *als lebensnotwendigen Bestandteil der Kommunalpolitik, der Entwicklungspolitik* auf unterster Ebene, einzubinden. Hierzu ein Aspekt: Es würde aus heutiger Sicht sehr schwerfallen, die planungsrechtlichen Voraussetzungen für das Industriegebiet "Lehnscheid I und II" in Wilnsdorf zu schaffen und die landschaftsverändernden Maßnahmen in diesem Bereich durchzuführen, weil ökologische und Gründe der Landschaftserhaltung unausgewogen in die Auseinandersetzung eingebracht würden. Bei einer solchen umweltpolitischen Bilanzierung dürften und sollten aber nicht nur momentan hochaktuelle Gesichtspunkte (überproportioniert) walten, sondern es müßten hier *langfristige Perspektiven* beachtet werden. Wenn man auf der einen Seite also aus ökologischen Gründen Bedenken gegen "Lehnscheid" ins Feld führen würde, wie sähen die Umweltfakten aber im Kernraum *Siegen* beispielsweise aus, wenn rund 1.000 arbeitende Menschen - und so um die 1.000 Arbeitsplätze gibt es inzwischen im Industriegebiet "Lehnscheid" - auch noch mit ihren Autos die jetzt schon überstrapazierten Verkehrsverhältnisse im Kernraum zusätzlich - verkehrlich und mit Schadstoffen - belasten würden, von der heute auch wichtigen Frage der Energiekosten einmal ganz abgesehen.

Bei aller umweltpolitisch gebotenen Behutsamkeit und Rücksichtnahme dürfen *existentielle Bedürfnisse des Menschen* im sozialen Bereich und dürfen existentielle wirtschaftliche Bedürfnisse der Gemeinden zur Erfüllung ihrer Aufgaben nicht vergessen werden, sondern mit in die Überlegungen einbezogen werden, um letztlich eine *Güterabwägung* im echten Sinne vornehmen zu können. Zu oft werden bei der Industrieansiedlung Widerstände von denen verursacht, die ein geregeltes (sprich staatliches) Einkommen haben und zu oft werden die vergessen, die hierüber nicht verfügen und auf neue Arbeitsplätze in der Industrie angewiesen sind.

1.000 Arbeitsplätze (in derzeit 55 Betrieben) im Industriegebiet "Lehnscheid", Wilnsdorf, bedeuten 1.000 kurze Arbeitswege - bedeuten Existenzsicherung für 1.000 Familien, bedeuten Ausbildungsplätze. Wo sonst hätten übrigens diese 1.000 Menschen arbeiten sollen?

Wilnsdorf bucht "Lehnscheid" auf der Habenseite.

PETER TRENK-HINTERBERGER

Neue Wege kommunaler Arbeitsmarkt- und Beschäftigungspolitik

I. Die Rolle kommunaler Arbeitsmarkt- und Beschäftigungspolitik

Die Gemeinden und Gemeindeverbände sind nach dem Stabilitätsgesetz von 1967 für die Erreichung des Vollbeschäftigungsziels (mit-)verantwortlich; die Länder haben nach diesem Gesetz zudem darauf hinzuwirken, daß die Haushaltswirtschaft der Gemeinden und Gemeindeverbände entsprechend ausgerichtet wird (§ 16 Abs. 1 u. 2 StabG). Als sehr wirkungsvoll hat sich diese normative Verpflichtung freilich nicht erwiesen. Denn der tatsächliche Handlungsrahmen der *Kommunen* (hier der Kürze halber als Oberbegriff für kreisfreie Städte, Gemeinden und Kreise) zur Erreichung des Vollbeschäftigungsziels ist doppelt begrenzt:

- zum einen durch die Freiheit unternehmerischer Entscheidungen bezüglich des Arbeitsplatzangebots außerhalb des öffentlichen Dienstes, durch die Tarifautonomie der Tarifvertragsparteien, durch die lokale Begrenzung, durch Abhängigkeit von Land und Bund sowie durch die Zuständigkeit der Arbeitsverwaltung auf der Grundlage des Arbeitsförderungsgesetzes (AFG);
- zum anderen durch die stark angestiegenen finanziellen Belastungen der Kommunen als direkter Folge der Arbeitslosigkeit, und zwar sowohl aufgrund der hohen Zahl von Dauerarbeitslosen als auch aufgrund der Konsolidierungsbestrebungen des Bundes seit 1982 zu Lasten der Kommunen.

Innerhalb dieses begrenzten Rahmens haben die Kommunen aber eine Reihe von Kompetenzen und Möglichkeiten, die sie nutzen können, um eine mit anderen verantwortlichen Institutionen abgestimmte Arbeitsmarkt- und Beschäftigungspolitik zu betreiben und zugleich Ziele kommunaler Sozialpolitik zu verwirklichen.

Weder im politischen noch im wissenschaftlichen Raum gibt es allerdings eine einvernehmliche Definition der Begriffe "Arbeitsmarktpolitik" und "Beschäftigungspolitik". In der hier zugrundegelegten Umschreibung soll "Arbeitsmarktpolitik" mehr als die Instrumente des AFG, also z. B. auch arbeitsmarktbezogene *Aktivitäten auf der Basis spezifischer rechtlicher Instrumentarien umfassen, die auf bestimmte Problemgruppen zielen.* Allgemeine und strukturelle Maßnahmen zur Beeinflußung der Arbeitskräftenachfrage werden hier der Beschäftigungspolitik als einem zentralen Element kommunaler Wirtschaftsförderung zugerechnet. Der begrenzte Umfang des Beitrags zwingt allerdings zu einem Verzicht auf den (wichtigen) Bereich der kommunalen Investitionspolitik im Sinne einer investiven Wachstumspolitik.

Aus der zunehmend intensiver geführten politischen und wissenschaftlichen Diskussion zur kommunalen Arbeitsmarkt- und Beschäftigungspolitik, die im übrigen nicht nur bei uns, sondern auch in den westeuropäischen Nachbarländern geführt

wird, sollen im folgenden einige besonders wichtig erscheinende Punkte herausgegriffen werden.

(Vgl. hierzu im übrigen z. B. HIERY 1982; GARLICHS u.a. 1983; BLANKE u.a.
1984; LERCH 1984; RICHTER 1985; FRICKE u.a. 1986; HEINELT/MACKE 1986;
TRENK-HINTERBERGER 1986. Zur ausländischen Diskussion z. B. CHANDLER/
LAWLESS 1984; KÜNSTLER 1984; CREATING JOBS 1985; POLLMEYER 1986).

II. Kommunale Arbeitsmarktpolitik

1. Ansatzpunkte für eine kommunale Arbeitsmarktpolitik

Arbeitsmarktpolitik ist trotz erkennbarer Dezentralisierungsbemühungen in erster
Linie eine Bundesaufgabe (STRASSER 1975; BLANKENBURG/KRAUTKRÄMER
1979). Insofern bleibt bei der gegenwärtigen Rechtslage den Kommunen nur ein
enger arbeitsmarktpolitischer Spielraum. Dennoch haben die Kommunen eine Reihe
von Möglichkeiten, diesen Spielraum auszunutzen und unabhängig von der
Bundesanstalt für Arbeit bzw. den Arbeitsämtern eigene Vorstellungen und Ziele
im Bereich der Arbeitsmarktpolitik zu verfolgen.
Im folgenden soll versucht werden, die wichtigsten *Ansatzpunkte für eine kommunale Arbeitsmarktpolitik* zu skizzieren.

2. Stärkerer Einbezug der Personalräte und Akzentverschiebung bei Arbeitsbeschaffungsmaßnahmen

Einen Schwerpunkt bisheriger Aktivitäten der Kommunen auf arbeitsmarktpoliti-
schem Gebiet bilden die Arbeitsbeschaffungsmaßnahmen (AB-Maßnahmen). Ohne die
Effizienz solcher Maßnahmen überschätzen zu wollen, muß man die Besonderheiten
dieses Instruments sehen: Zum einen kann mit AB-Maßnahmen unmittelbar auf die
Beschäftigungslage im regionalen Arbeitsmarkt eingewirkt werden, zum anderen
können solche Maßnahmen nach Regionen, Problemgruppen und Projekttypen gezielt eingesetzt werden, um *Dequalifizierungsprozesse aufzuhalten* und die Wieder-
eingliederungschancen auf dem allgemeinen Arbeitsmarkt zu verbessern. Der Einsatz von AB-Maßnahmen durch Kommunen ist freilich nicht unumstritten. Geargw-
wöhnt wird vor allem, daß - entgegen den gesetzlichen Vorschriften des AFG -
"reguläre" Beschäftigungsverhältnisse durch befristete und für die Gemeinden
erheblich billigere AB-Maßnahmen ersetzt werden. Indes läßt sich nach allem, was
bislang an Daten vorliegt, von außen kaum beurteilen, inwieweit der befürchtete
Austausch tatsächlich stattfindet (LERCH 1984, 271). Die Bedenken gegen die

befürchteten Substitutionswirkungen von AB-Maßnahmen könnten allerdings erheblich entkräftet werden, wenn die *Personalräte*, die mit den internen Verhältnissen in der Regel gut vertraut sind, quantitativ und qualitativ (durch konkrete Arbeitsplatzbeschreibungen usw.) intensiver in das Verfahren einbezogen würden. Darüber hinaus könnte eine systematische Analyse des lokalen Arbeitsmarktes dazu beitragen, daß die AB-Maßnahmen stärker

- zielgruppenorientiert werden (im Sinne einer Konzentration auf die lokalen Problemgruppen, die - von Kommune zu Kommune freilich in unterschiedlicher Gewichtung - im wesentlichen aus arbeitslosen Jugendlichen, Frauen, älteren Arbeitssuchenden und Schwervermittelbaren bestehen);
- mit qualifizierenden, pädagogisch betreuten Maßnahmen im Sinne von "Arbeiten und Lernen" verbunden werden (z. B. Hauptschulvorbereitungskurse, Teilzeitgrundausbildungslehrgänge usw.; die dabei erworbenen Leistungsansprüche gegen die Bundesanstalt für Arbeit können auch aus der Sicht der kommunalen Haushalte positiv gesehen werden);
- unter sachlicher Schwerpunktsetzung eingesetzt werden. Eine solche Schwerpunktsetzung müßte das Ergebnis einer (gewiß nicht einfachen) systematischen Suche nach Arbeitsplätzen sein, die für die Kommune nützlich, keine bestehenden Arbeitsplätze ersetzen und keine eher entbehrlichen Beschäftigungen bilden.

3. Qualifikation als Instrument kommunaler Arbeitsmarktpolitik

Die Beschäftigungskrise hat auch zu einer Umorientierung der Regionalpolitik unter dem Aspekt "innovationsorientierte Regionalpolitik" geführt (EWERS u.a. 1980). Als ein wesentliches Element dieser Politik wird die Qualifikation von Arbeitnehmern angesehen. Die Qualifikation berührt zwar in erster Linie die (Berufs-) Bildungspolitik, sie fordert aber auch - in begrenztem Rahmen - die kommunale Arbeitsmarktpolitik:

So belegen verschiedene Untersuchungen, daß bei gleichen rechtlichen Voraussetzungen (nach dem AFG) erhebliche regionale Unterschiede in der Inanspruchnahme der beruflichen Weiterbildungsförderung bestehen und diese Unterschiede nur zum Teil durch "objektive" Strukturunterschiede erklärbar sind (SCHMID 1983). Dabei spielt für das Erreichen der Zielgruppen offensichtlich eine wesentliche Rolle, ob geeignete Bildungsangebote zur Verfügung stehen. Die *Kommunen* können hier - neben Kirchen, Gewerkschaften, Kammern, kommerziellen Anbietern - *als Initiatoren* oder als Träger von entsprechenden Angeboten (namentlich über die Volkshochschulen) auftreten. Nicht zu unterschätzen ist auch die Rolle der Kommunen als Träger des berufsbildenden Schulwesens, das dazu beitragen kann, zukunftsorientiert auszubilden. Ferner können die Kommunen über die *Drittelparität* in den Verwaltungsausschüssen der Arbeitsämter auf die Qualifikationspolitik vor Ort Einfluß ausüben. Kaum durchdacht sind schließlich die Spielräume und möglichen Beiträge der Kommunen zur Qualifikation von Arbeitnehmern im Vorfeld von Arbeitslosigkeit (LERCH 1984, 273).

4. Beschäftigung arbeitsloser Sozialhilfeempfänger

Nach den Änderungen des AFG seit 1982, die bei den Kommunen zu erheblichen Mehraufwendungen für die Hilfe zum Lebensunterhalt nach dem Bundessozialhilfegesetz führen, gehen die Gemeinden zunehmend dazu über, Sozialhilfeempfänger nicht nur hoheitlich zu gemeinnütziger und zusätzlicher Arbeit heranzuziehen, sondern den Hilfeempfängern (reguläre) befristete Arbeitsverträge zu Tariflohnbedingungen anzubieten. Bekannte Beispiele dafür sind die Hamburger Arbeit-Beschäftigungs GmbH und das mit Landesmitteln unterstützte Programm in Nordrhein-Westfalen (TRENK-HINTERBERGER 1984).

Für die Sozialhilfeempfänger bietet sich so oft erstmals oder nach längerer Zeit die Gelegenheit, als "richtige" Arbeitnehmer arbeiten zu können. Nach den bisherigen Erfahrungen sind solche Programme allerdings mit einer Reihe von Schwierigkeiten verbunden, nicht zuletzt deshalb, weil bei dem betroffenen Personenkreis oft fehlende "Fertigkeiten" wie Verantwortlichkeit, Leistungsbereitschaft, Beständigkeit, Belastbarkeit, Kommunikations- und Konfliktfähigkeit durch geeignete pädagogische Betreuung aufgebaut werden müssen. Für die Kommunen bieten sich bei solchen Maßnahmen aber nicht nur sozialpolitisch positive Aspekte, sondern auch konkrete finanzielle Vorteile in ihren Haushalten: Das betriebswirtschaftliche Kalkül zeigt, daß die Einsparungen an Sozialhilfe die Ausgaben für Tariflohnzahlungen im Zeitablauf übersteigen, zumal wenn es nach Ablauf des (Zeit-)Vertrages zum Bezug von Arbeitslosengeld bzw. Arbeitslosenhilfe kommt (LERCH 1984, 273; RICHTER 1985, 57).

5. Unterstützung neuer Formen der Existenzsicherung

Neue Formen der Existenzsicherung, die unter den Stichworten "unkonventionelle" bzw. "alternative" Beschäftigungsinitiativen immer stärker in der öffentlichen Diskussion beachtet werden, haben angesichts des abnehmenden Volumens an bezahlter Arbeit an Bedeutung gewonnen (WIRTSCHAFTSWOCHE Nr. 40/1985, 54; KAISER 1985). Die direkte bzw. indirekte Förderung solcher Initiativen durch Kommunen ist allerdings problematisch und umstritten (TRENK-HINTERBERGER 1986):

So ergeben sich schwerwiegende Probleme aus Arbeitnehmersicht vor allem im Hinblick auf die sozial- und arbeitsrechtliche Absicherung, das Lohnniveau (im Sinne einer "Selbstausbeutung") und die Arbeitsbedingungen der dort Tätigen. Aus der Sicht der "etablierten" Wirtschaft wird nicht zu Unrecht der Vorwurf illegitimer (subventionierter) Konkurrenz erhoben. Bei einem Ausbau kommunaler Arbeitsmarktpolitik (oft zugleich Jugendpflege) in diese Richtung wird es zwangsläufig zu einer brisanten Diskussion kommen, die an *Grundfragen unserer Wirtschaftsordnung* rührt.

6. Modifikationen kommunaler Personalpolitik

Die Kommunen wären gewiß überfordert, wenn sie allein aus arbeitsmarktpolitischen Gründen neue personalintensive Programme auflegen würden (ganz abgesehen
davon, daß solche Programme den Investitionsspielraum der Kommunen und damit
Möglichkeiten indirekter Beschäftigungsförderung erheblich reduzieren würden). Allerdings bestehen auch hier - in begrenztem Umfang - Möglichkeiten, arbeitsmarkt-
politische Gesichtspunkte in die kommunale Personalpolitik einzubringen:

So beschäftigen zahlreiche Kommunen nicht den gesetzlich vorgeschriebenen Pro-
zentsatz von Schwerbehinderten, sondern zahlen stattdessen die Ausgleichsabgabe.
So haben Bund, Länder und kommunale Spitzenverbände in einer gemeinsamen
Empfehlung zur Teilzeitarbeit bereits im Oktober 1974 nachdrücklich deren
Ausdehnung aus arbeitsmarktpolitischen Gründen empfohlen. So sehr die überhöhte
Akzeptanz von Formen der Teilzeitarbeit aus arbeitsmarktpolitischen Überlegungen
wünschenswert sein mag, so sehr müssen freilich die Grenzen der Akzeptanz bedacht werden, (Inwieweit ist es z. B. einem Alleinverdiener mit Familie in einer
unteren Vergütungsgruppe überhaupt möglich und zumutbar, Teilzeitarbeit zu
leisten, wenn er dadurch erhebliche Einkommenseinbußen erleidet?). Soweit
Kommunen immer wieder aufgefordert werden, verstärkt - auch über den
eigenen Bedarf hinaus - Ausbildungsplätze anzubieten (und dies häufig auch tun),
wird allerdings allzu leicht übersehen, daß die Kommunen angesichts der Lage am
allgemeinen Arbeitsmarkt mit erheblichen (Nicht-)Übernahmeproblemen konfrontiert werden und allenfalls Not- und Überbrückungslösungen für die Ausgebildeten
anbieten können.

7. Verbesserung der Kooperation und Koordination in der lokalen Arbeitsmarktpolitik

In vielen Fällen werden Arbeitslose von den Arbeitsämtern betreut, während zu den
kommunalen Bereichen der Jugend- und Sozialhilfe nur in Einzelfällen Kontakte
bestehen. Jede dieser Institutionen betreut ihre Klientel nach *eigenen Maßstäben*
und Vorstellungen, obwohl es sich in vielen Fällem um die gleichen Personen handelt (TRENK-HINTERBERGER 1986, 22).

Die Forderung nach einer Schließung der "institutionellen Lücke" zwischen den
Arbeitsämtern und der kommunalen Jugend- und Sozialhilfe wird deshalb zu Recht
erhoben. Allerdings dürfen die Schwierigkeiten, die sich bei einer Zusammenarbeit
der stark zentralisierten Arbeitsverwaltung und der nur Teilflächen eines
Arbeitsamtsbezirks umfassenden Kommune ergeben, nicht übersehen werden. Umso
wichtiger ist es, daß die Gemeinden von sich aus die Initiative ergreifen und ihre
sozialpolitischen Vorstellungen mit den arbeitsmarktpolitischen Möglichkeiten
und Erfordernissen verbinden.

Nicht zu unterschätzen ist schließlich das Problem der oft mangelhaften und nicht
selten *fehlenden Koordination des arbeitsmarktpolitischen Nebeneinanders*
von Initiativen der Kommunen, der Länder, der Arbeitsverwaltung, der Unterneh-

mer, der Gewerkschaften sowie der Industrie-, Handels- und Handwerkskammern.
Immer wieder wird zwar eine Koordination und Integration der diversen arbeitsmarktpolitischen Maßnahmen beschworen, immer wieder bleibt diese aber
in der Realität eine möglicherweise gutwillige, letztlich doch aber oberflächliche
und lockere "Kooperation" ohne sichtbare Auswirkungen.

Hier könnten die *Kommunen* eine Initiativ-, Koordinations- und Beratungsfunktion
auch auf der einzelfallübergreifenden Ebene übernehmen, die zu einem Verbundsystem führen könnte. In einem solchen *Verbundsystem* wären kommunale Maßnahmen
gegen Arbeitslosigkeit und für Arbeitslose in einer weiteren Dimension und mit
anderer Qualität denkbar. Die gemeinsame Arbeit im Verbund könnte darüber
hinaus aufzeigen, wo die begrenzten Handlungsspielräume, Schwachstellen
und Zuständigkeitsbereiche der Beteiligten liegen und wie (rechts-)politische
Initiativen zu ihrer Überwindung auszusehen hätten.

III. Kommunàle Beschäftigungspolitik

1. Zum Wandel kommunaler Wirtschaftsförderung

Zu den klassischen Instrumenten der direkten und indirekten kommunalen
Wirtschaftsförderung mit dem Ziel der Neuansiedlung von Industriebetrieben
gehören nach wie vor - um nur die wichtigsten zu nennen - Erschließung geeigne-
ter Grundstücke, Grundstücksvorratswirtschaft, städtebauliche Planung, Vorhaltung
öffentlicher Einrichtungen, Höhe der Realsteuerhebesätze, Standortwerbung,
unentgeltliche oder verbilligte Veräußerung gemeindlicher Grundstücke an
ein Unternehmen, verbilligte Verpachtung gemeindlicher Baulichkeiten, zinsverbil-
ligte Darlehen (LANGE 1977). Diese Instrumente werden auch künftig ein gewich-
tiger Bestandteil kommunaler Wirtschaftsförderung bleiben.

Allerdings sind die Zahl der "echten" Neuansiedlungen und das Potential an ansiedlungswilligen Unternehmen merklich kleiner geworden. Zugleich geraten die
Kommunen in eine Neuansiedlungs-Konkurrenz ("Bürgermeisterwettbewerb"), die
zur gegenseitigen Abwerbung von ansiedlungswilligen Unternehmen führt und
insbesondere finanzschwache Gemeinden unter Druck geraten läßt. Ob zudem die
finanziellen Instrumente der Wirtschaftsförderung, die primär am Produktionsfaktor Kapital ansetzen und das Unternehmensrisiko im Fördergebiet zu verringern
suchen, auch zu der gewünschten Verbesserung der Beschäftigungssituation
führen, sei hier dahingestellt.

In zunehmendem Maße verlagert sich die kommunale Wirtschaftsförderung freilich
nach innen auf die sog. "Bestandpflege", bei der es vornehmlich darum geht,
die Potentiale der am Ort bereits ansässigen Unternehmen auszuschöpfen und
ihre Bestandsentwicklung zu sichern. Die Analysen der Schwierigkeiten sowohl bei

der Neuansiedlung als auch bei der Bestandspflege haben zudem mittlerweile zu der Erkenntnis geführt, daß monetäre Anreize und Hilfen allein nicht ausreichen, um die gewünschten *Beschäftigungseffekte* zu bewirken. Neben der Bereitstellung von Geld (und den anderen klassischen Instrumenten) werden deshalb an neueren Möglichkeiten kommunaler Wirtschaftsförderung in diesem Zusammenhang die im folgenden skizzierten Ansätze diskutiert und (teilweise) auch praktiziert:

2. Gründung und Betrieb von Industrie- und Gewerbeparks (Technologieparks - Gründerzentren)

Mit ihnen sollen im wesentlichen eine spezielle Infrastruktur, besondere Gemeinschaftseinrichtungen und Serviceangebote geschaffen werden, die den Unternehmen angepaßt sind und kostengünstig bzw. subventioniert zur Verfügung gestellt werden. Obwohl der Bedarf an der Bereitstellung solcher Angebote nicht geleugnet werden kann, wird man vor einer Überbewertung dieses Instrumentariums warnen müssen. Nicht allein deshalb, weil es zu einer Verschärfung der kommunalen Ansiedlungskonkurrenz beitragen kann, sondern auch, weil das Potential derartiger Parks bzw. Zentren nicht überschätzt werden darf, sollen diese nicht zu den Investitionsruinen der 80er Jahre werden.

3. Intensivierung und Verzahnung des Beratungsangebots

Gerade kleinen und mittleren Betrieben fehlt es häufig an einem breiten unternehmerischen Know-How, das zu Umstrukturierung und Expansion erforderlich ist. Solche Betriebe sind in der Regel auch kaum in der Lage, sich die benötigten Beratungsleistungen, soweit sie auf dem Markt zu nicht unerheblichen Preisen angeboten werden, hinzuzukaufen. Hier könnte zumindest die Transparenz verbessert werden, indem auf kommunaler Ebene eine Intensivierung und Verzahnung der verschiedenen Beratungsangebote erfolgt (also z. B. der finanztechnischen Beratung der lokalen Kreditinstitute, der rechtlichen und Managementberatung der Kammern sowie der Subventions- und Rechtsberatung der Kommunen).

Allerdings wird die Rolle der Kommune kaum über die eines Initiators und Koordinators zwischen den einzelnen Beratungsangeboten hinausgehen können. Dies nicht nur deshalb, weil eigene Beratungsangebote der Kommunalverwaltungen in dem benötigten weitgespannten Umfang von den Unternehmen vermutlich nicht als kompetent akzeptiert würden, sondern auch deshalb, weil fraglich ist, ob bei den Kommunen angesichts des Mangels an Geld und Personal (sowie im Rahmen der vorhandenen Besoldungsstruktur) überhaupt das erforderliche kompetenteKnow-How verfügbar sein kann. Überdies dürfte es über die Möglichkeiten unserer rechtlichen und politischen Ordnung hinausgehen, wollte man die Verantwortung für dieses Instrumentarium der Wirtschaftsförderung bei den Kommunalverwaltungen monopolisieren.

4. Förderung von Beschäftigung anstelle der Förderung von Kapitaleinsatz

Kritisiert wird teilweise die mangelnde Berücksichtigung von Beschäftigungseffekten und Arbeitnehmerinteressen: Kommunale Wirtschaftsförderung dürfe nicht nur Förderung des Unternehmenskapitals sein, sondern müsse ebenso die Arbeitsplatzschaffung, Arbeitsplatzsicherung, Qualität der Arbeitsplätze usw. einbeziehen (RICHTER 1985, 57). In diesem Zusammenhang wird auch die Forderung nach beschäftigungspolitischen Auflagen sowie nach Verbindung von Technologieförderung und innerbetrieblicher Weiterbildung erhoben.

Die kommunale Wirtschaftsförderung steht hier freilich vor einem schwierigen *Zielkonflikt,* der am Beispiel neuer Technologien deutlich wird: Die beschäftigungspolitischen Auswirkungen dieser Technologien sind durchaus ambivalent zu beurteilen. Denn Rationalisierungsinvestitionen in der Produktion und bei den Büroarbeitsplätzen sind geeignet, Lohn- und Stückkosten zu senken und den geförderten Unternehmen bessere Marktchancen zu verschaffen; gleichzeitig können solche Maßnahmen aber auch zum Abbau von Arbeitsplätzen führen. Zur Bewältigung solcher Konfliktsituationen kann es freilich keine generellen Lösungen, sondern nur fallweise Entscheidungen geben.

IV. Fazit

Angesichts der Probleme einer *strukturellen Arbeitslosigkeit* sind auch die Kommunen ihren Bürgern ·gegenüber verpflichtet, im Rahmen ihrer Kompetenzen und Handlungsmöglichkeiten das in ihren Kräften Stehende dazu beizutragen, daß ein quantitativ und qualitativ befriedigendes Arbeitsplatzangebot aufrechterhalten bleibt. Es bedarf insoweit eines Überdenkens der bisherigen Handlungskonzepte sowie neuer Wege, deren Skizze hier versucht wird. Dabei geht es im wesentlichen darum, daß

- das *kommunale Engagement flankierend* die am Markt orientierte Industriepolitik - als einer "intelligenten" Wirtschaftsförderung - im Sinne eines "einvernehmlichen Zusammenwirkens zwischen privatwirtschaftlichen, intermediären und staatlichen Instanzen" (GEMPER 1985, 15) ergänzt und
- neben diese Industriepolitik auf kommunaler Ebene eine *Aufgabenpolitik* tritt, die

auch die neuen - auf die Kommunen verstärkt zukommenden - Verpflichtungen elementarer Fürsorge für bestimmte Gruppen von Arbeitslosen erfüllen kann (eine Politik, deren Finanzierung indes ohne eine kommunale Steuerreform kaum vorstellbar ist).

Literatur

Blanke, B. u.a.: Arbeitslosigkeit und kommunale Sozialpolitik, in: BONß, W./HEINZE, R. G. (Hrsg.): Arbeitslosigkeit und Arbeitsgesellschaft, Frankfurt/M. 1984, 299ff.

BLANKENBURG, E./KRAUTKRÄMER, U.: Aktivierung lokaler Arbeitsmarktpolitik, in: Arch. f. Kommunalwiss. 1979, 61ff.

CHANDLER, J. A./LAWLESS, P.: Local Authorities and the Creation of Employment, Aldershot 1984.

CREATING JOBS at the Local Level, OECD, Paris 1985.

EWERS, H. J. u.a.: Innovationsorientierte Regionalpolitik, Bundesminister für Raumordnung, Bauwesen und Städtebau, Bd. 06.042, Bonn 1980.

FRICKE, W. u.a. (Hrsg.): Mehr Arbeit in die Region, Bonn 1986.

GARLICHS, D. u.a. (Hrsg.): Regionalisierte Arbeitsmarkt- und Beschäftigungspolitik, Frankfurt/M. 1983.

GEMPER, B. B.: Gezielter Strukturwandel als Gegenstand marktorientierter Industriepolitik - Am Beispiel der Bundesrepublik Deutschland, in: "Information" Nr. 73 der Internationalen Treuhand AG, Basel 1985, 13ff.

HEINELT, H./MACKE, C.-W.: Kommunale Maßnahmen, in: BALON, K. H. u.a. (Hrsg.): Arbeitslosigkeit, Frankfurt/M. 1986.

HIERY, H.-J.: Kommunale Arbeitsmarktpolitik, in: arbeit und beruf 1982, 193ff.

KAISER, M.: "Alternativ-ökonomische Beschäftigungsexperimente" - quantitative und qualitative Aspekte, in: Mitt. aus der Arbeitsmarkt- und Berufsforschung 1985, 92ff.

KÜNSTLER, P.: Local Employment Initiatives in Western Europe, in: International Labour Review 1984, 221ff.

LANGE, K.: Rechtsprobleme kommunaler Wirtschaftsförderung, in: Dt. Verwaltungsblatt 1977, 873ff.

LERCH, W.: Ansatzpunkte für einen Ausbau kommunaler Arbeitsmarktpolitik, in: Sozialer Fortschritt 1984, 270ff.

POLLMEYER, B.: Lokale Arbeitsplatzbeschaffungsstrategien: Weder Königs- noch Irrwege. Erfahrungen aus dem europäischen Ausland, in: Soziale Sicherheit 1986, 41ff.

RICHTER, B.: Möglichkeiten und Grenzen kommunaler Beschäftigungspolitik, in: Demokratische Gemeinde, Sondernummer "Neue Technologien", Bonn 1985, 51ff.

SCHMID, G.: Handlungsspielräume der Arbeitsämter beim Einsatz aktiver Arbeitsmarktpolitik, in: SCHARPF, W. u.a. (Hrsg.): Institutionelle Bedingungen der Arbeitsmarkt- und Beschäftigungspolitik, Frankfurt/M. - New York 1983, 135ff.

STRASSER, R.: Arbeitsmarktpolitik, Linz 1975.

TRENK-HINTERBERGER, P.: Kommunale Beschäftigungsmaßnahmen für arbeitslose Sozialhilfeempfänger, Diskussionsbeiträge des Forschungsschwerpunkts "Historische Mobilität und Normenwandel", Nr. 36/84, Siegen 1984.

ders.: Soziale Arbeit und Arbeitslosigkeit, Diskussionsbeiträge des Forschungsschwerpunkts "Historische Mobilität und Normenwandel", Nr. 64/86, Siegen 1986.

WIRTSCHAFTSWOCHE Nr. 40 vom 27.9.1985, 54ff. (Report: "Kollektiver Kommerz").

Verzeichnis der Autoren

Privatdozent Dr. Stephan *Bieri*
Direktor des Aargauischen Elektrizitätswerkes, Aarau, Schweiz

Dr. Werner *Düchting*
Professor für Regelungstechnik, Fachbereich Elektrotechnik,
Universität-Gesamthochschule Siegen

Dr. Bodo B. *Gemper*
Professor für Volkswirtschaftslehre, insbes. Finanzwirtschaft, Fachbereich
Wirtschaftswissenschaften, Universität-Gesamthochschule Siegen

Dipl.-Kaufmann Ralf Hendrik *Kleb*
Mitarbeiter der Kienbaum Unternehmensberatung GmbH im Verbund der Kienbaum
Unternehmensgruppe, Düsseldorf, Absolvent der Universität-Gesamthochschule
Siegen

Karl *Schmidt*
Gemeindedirektor, Gemeinde Wilnsdorf, Kreis Siegen

Dr. Bodo *Steinmann*
Professor für Wirtschaftswissenschaften und Didaktik der Wirtschaftslehre,
Fachbereich Wirtschaftswissenschaften, Universität-Gesamthochschule Siegen

Dr. Axel H. *Swinne*
Managing Director der SIGMA Holding and Management GmbH, Bad Rappenau

Dr. Peter *Trenk-Hinterberger*
Professor für Öffentliches Recht, insbes. Sozialrecht, Fachbereich Wirtschaftswissenschaften, Universität-Gesamthochschule Siegen

Dr. Horst Friedrich *Wünsche*
Ludwig Erhard-Stiftung, Bonn

Personenregister

Sachregister

Siegener Studien
ab Band 38 im Verlag Die Blaue Eule

Band 38   Marliese Müller (Hrsg.)

Natur und Umwelt im Unterricht
– Beiträge aus Biologie, Chemie, Mathematik und Physik zur Forschungslage und zur unterrichtlichen Umsetzbarkeit
Essen 1985, 96 Seiten   ISBN 3-924368-36-8   Preis: DM 9,–

Band 39   R. Feig / H. D. Erlinger (Hrsg.)

Zeit – Zeitlichkeit – Zeiterleben
Essen 1986, 119 Seiten   ISBN 3-924368-70-8   Preis: DM 9,–

Band 40   J. Klein / H. D. Erlinger (Hrsg.)

Wahrheit – Richtigkeit und Exaktheit
Essen 1986, 133 Seiten   ISBN 3-924368-94-5   Preis: DM 9,–

Band 41   Bodo B. Gemper (Hrsg.)

Industriestruktur und Politik
Essen 1987, 125 Seiten   ISBN 3-924368-95-3   Preis: DM 9,–